| 명문동양문고 |

장자 명언 100
莊子

金東求 편저

上

圖書出版 明文堂

장자(莊子) & 《장자》

장자에 대해서 사마천은 그의 불후의 명저 《사기(史記)》 노자·한비(韓非)열전에 이렇게 기록하고 있다.

『장자는 몽(蒙 : 하남 상구의 동북) 사람으로 이름은 주(周). 일찍이 몽의 칠원(漆園)의 관리가 되었다. 양(梁)나라 혜왕(惠王)이나 세나라 선왕(宣王)과 시대를 같이한다. 박학하여 모든 서적에 막히는 것이 없었으며, 학문의 근본은 노자의 설에 귀착한다.

그런 까닭에 저서는 10여만 자에 미치는 대저(大著)가 있는데, 대개가 노자의 도(道)를 더 설명한 우화이다. 〈어부〉, 〈도척』, 〈거협(胠篋)〉 등 여러 편을 지은 것은 그것으로 공자의 제자를 비난하고, 노자의 학설을 밝히고자 한 것이다.

〈외루허(畏累虛)〉, 〈항상자(亢桑子)〉 등 여러 편을 쓴 것은 모두 가공의 이야기로 그 실상은 없다. 그러나 문장이 매우 훌륭하며, 세상일을 지시하고 인정을 추찰(推察)하며, 이런 것들에 의하여 유가(儒家)나 묵가(墨家)를 공격하였으므로 당시의 석학(碩學)이란 학자들도 예봉(銳鋒)을 피할 수 없었다.

그 말은 대해(大海)와 같아서 끝이 없었고 멈춤이 없이 분방했다. 그런 까닭에 왕공(王公), 대인(大人)들에게는 훌륭한 인물로서 대우를 받지 못했지만, 오직 초나라의 위왕(威王)은 장주(莊周)의 현명함을 듣고 사신을 보내 예물을 후히 하여 장자를 재상으로 초빙했다.

그러자 장자가 사신에게 말했다. "당신은 제사에 희생으로 쓰는 소를 보았소(子見夫犧牛乎)? 비단옷을 입히고 풀과 콩을 먹이지만, 막상 태묘(太廟)에 끌려 들어가게 되었을 때 그 소가 어미 잃은 외로운 송아지가 되기를 바란들 무슨 소용이 있겠소. 그만 돌아가시오. 나는 차라리 살아서 더러운 진흙 속에서 꼬리를 끌고 다니겠소(寧其生而 曳尾塗中)." 』

이상이 《사기(史記)》 열전에 있는 장자에 대한 언급이다.

장자(莊子)는 주 열왕(周烈王) 7년(BC 369?~BC 286)에 태어났다. 이름은 주(周). 전국시대 송(宋)나라 출신이다.

그의 저서 《장자》는 《남화진경(南華眞經)》 또는 《장자남화경(莊子南華經)》 이라고도 한다. 당나라 현종(玄宗)이 천보(天寶) 원년(742년)에 존경하고 숭상한다는 뜻으로 이름을 바꾸었는데, 이때 장주에게는 남화진인(南華眞人)이라는 존호(尊號)가 붙여졌다.

내편 7, 외편 15, 잡편 11로 모두 33편으로 10여만 자에 이른다. 그 가운데 내편이 비교적 오래되었고 장자의 근본사상이 실려 있어 장자의 저서로, 그리고 외편과 잡편은 후학에 의해 저술된 것으로 추측하고 있다.

장자는 노자의 학문을 깊이 연구하였으며, 그의 사상의 밑바탕에서 동일한 흐름을 엿볼 수 있다. 인위적 · 작위적인 행위를 배척하고 자연을 존중하며, 그 무엇에도 얽매이지 않는 삶을 역설한다.

《장자》의 문학적 발상은 우언우화(寓言寓話)로 엮여졌으며, 그 문장은 비유, 풍자, 우화가 풍부하고 유려하며, 거침이 없고 종횡무진한 상상과 표현으로 우주의 본체 · 근원 · 물화현상(物化現象)을 설명하였고, 속세의 지식인을 경멸하기도 하였다.

장자는 철학사상에 있어서 노자의 『도법자연(道法自然)』의 관점을 계승하고 발전시켜 도가를 진정한 학파로 만들었으며, 그 자신도 도가의 중요한 대표 주자가 되어 노자와 함께 『도가의 조상』으로 불린다.

장자 사상의 중요한 구성 부분 중 하나는 상대성이론의 인식이다. 장자는 사물이 항상 상대적이고 상생(相生)적이라고 생각하는데, 말하자면 어떤 것이든 서로 대립적이면서도 서로 의지하는 정 반대의 두 가지 측면이 있다는 것이다.

장자의 산문(散文)은 선진(先秦)의 제자(諸子) 가운데서 독특한 풍격을 지니고 있으며, 우화를 대량으로 채택하여 허구화한 것으로 상상이 기이하고 형상이 생동적이다. 또한 다양한 비유를 구사하는 데 능하고 발랄하며 예지가 깊다.

장자는 말한다.

"내 말의 열에 아홉은 우언(寓言)이고, 열에 일곱은 중언(重言)이며, 치언(卮言)은 일상으로 하고 있으나, 자연스럽게 조화를 이루고 있다.

열의 아홉을 차지하는 우언은 밖의 사물에 비유하여 말하는 것이다. 아버지가 아들의 중매를 서지 않는 것은, 아버지가 아들을 칭찬하는 것보다 부모 아닌 다른 사람의 칭찬이 더 나을 수 있기 때문이다. 이것은 그 사람의 잘못이 아니라 원래 인간이 그렇게 되어 있기 때문이다.

사람들은 자신과 같은 입장이면 호응하고 자신과 다른 입장이면 반대한다. 자신과 같은 생각은 옳다고 여기고, 자신과 다른 생각은 틀렸다고 여긴다.

열의 일곱을 차지하는 중언은 사람들의 논쟁을 그치게 하기 위한 것이다. 이는 연로한 사람의 말인데, 아무리 나이가 많아도 일에 대한 본말을 모른다면 연로한 사람이라

도 선배가 될 수는 없다. 선배이면서도 인간으로서의 도를 갖추지 못한 사람이라면 진부한 사람(陳人)이다.

일상으로 하는 치언은, 자연의 조화로 자연을 따라 무궁하고 자연을 따라 영원할 수도 있다. 옳고 그름을 따지지 않으면 조화를 이루고, 옳고 그름을 따지면 조화를 이루지 못한다. 조화를 말하는 것도 조화롭지 못하다. 그러므로 무언으로 말하는 것이다. 말을 하되 옳고 그름을 따지지 않으면 평생 말을 하여도 말을 한 일이 없는 것이 된다. 평생토록 말을 하지 않아도 말을 하지 않은 것이 아니다."

전반적으로 장자의 산문은 낭만주의적인 스타일로 고대 산문에서는 드물게 중국 문학사에서 독보적으로 후세 문학에 깊은 영향을 미친다.

그의 글은 어록체 형식에서 벗어나 선진(先秦) 산문이 성숙단계로 발전했음을 보여주는 것으로, 장자는 선진 산문의 최고 성취를 대표한다고 할 수 있다.

장자 名言 100 上

목 차

내편(內篇)

외편(外篇)

장자 名言 100 下

목 차

외편(外篇)

잡편(雜篇)

장자 명언 100
莊子 名言

上

내편(內篇)

1. 소요유(逍遙遊)

인생 즐겁게 노닐다 가라.

북쪽 바다에 물고기가 있는데, 이름을 곤이라 한다. 곤의 크기는 몇 천리가 되는지 알 수가 없다. 곤이 변하여 새가 되었는데, 이름을 붕(鵬)이라 했다.

붕의 등 역시 크기가 몇 천리인지 알 수가 없다. 붕이 힘차게 날아오르면 마치 하늘을 뒤덮은 구름 같다. 이 새는 바다의 기운을 타고 남명(南冥)으로 날아갔다. 남명이란 하늘 연못이다.

《제해(齊諧)》라는 책은 기이한 것들을 모아놓은 책이다. 책에서 말하기를, "붕새가 남쪽 바다에 이르기까지는 3천 리나 되는 파도를 일으켰고, 9만 리 바람을 타고 여섯 달을 날아간 뒤 쉰다." 고 했다.

아지랑이와 티끌은 생물이 숨을 쉬며 뿜어내는 기운이다. 하늘이 푸른 것은 그런 데서 기인한 것인가? 아득히 멀어 끝 간 데가 없어 그런가? 붕새가 내려다보아도 그리 보일 것이다.

물이 깊게 괴지 않으면 큰 배를 띄울 수 없다. 움푹 팬 곳에 물 한 사발 붓고 겨자씨를 띄우면 배가 되지만, 그 물에 잔을 띄우면 가라앉는 것은 물이 얕고 배가 크기 때문이다.

바람이 두툼하지 않으면 그 큰 날개를 받쳐줄 수 없다. 그러므로 9만 리를 올라가 바람을 타고 푸른 하늘을 등에 얹은 채 막힘없이 남쪽으로 날아갈 수 있다.

*소요유(逍遙遊) ; 마음 내키는 대로 여기저기 돌아다닌다.

붕 지 사 어 남 명 야 수 격 삼 천 리
■ 鵬之徙於南冥也 水擊三千里

단 부 요 이 상 자 구 만 리 거 이 육 월 식 자 야
摶扶搖而上者九萬里 去以六月息者也

"붕새가 남명(南冥)으로 옮겨가려 할 때면 날개가 물 위를 치는 것이 3천 리에 미치고, 회오리바람을 일으키며 9만 리를 날아오른다. 이렇게 여섯 달을 계속 난 다음에야 쉰다."

*鵬 ; 붕새, 대붕, 전설상의 큰 새.

*南冥 ; 남쪽에 있다는 큰 바다.

*擊 ; 치다. 두드리다, 찌르다, 공격하다.

*摶 ; 뭉치다, 후려치다.

*扶 ; 돕다, 떠받치다.

*搖 ; 흔들다, 오르다, 멀다, 요원하다.

【寓言】 《제해(齊諧)》라는 것은 기이한 것들을 기록한 책이다. 그 책에 이렇게 씌어 있다. "붕새가 남명(南冥)으로 옮겨가려 할 때면 날개가 물 위를 치는 것이 3천 리에 미치고, 회오리바람을 일으키며 9만 리를 날아오른다. 이렇게 여섯 달을 계속 난 다음에야 쉰다(鵬之徙於南冥也 水擊三千里 摶扶搖而上者九萬里 去以六月息者也)." 고 했다.

여기에서 『도남(圖南)』이니 『붕정만리(鵬程萬里)』니

하는 말이 나오게 되었다.

장자의 사상에서 『붕(鵬)』이라는 말이 종종 나오는데, 대부분 웅장하거나 원대하고 상상을 초월하는 세계 또는 물체를 비유할 때 등장한다. 이를테면, 붕익(鵬翼 ; 앞으로 할 큰 사업이나 계획)·붕비(鵬飛 ; 사람이 크게 발전함의 비유)·붕도(鵬圖 ; 큰 희망과 의도)는 각각 상상을 초월한 사물이나 현대적인 의미로 거대한 항공기, 분발해 큰일을 성취하려는 것, 보통 사람은 상상조차 할 수 없는 원대한 사업을 비유할 때 사용된다.

수지적야불후 즉기부대주야무력

■ 水之積也不厚 則其負大舟也無力

"물이 깊지 않으면 큰 배를 띄울 수가 없다."

*厚 ; 두텁다, 후하다, 두껍다, 짙다, 진하다.

【寓言】 물이 깊게 괴지 않으면 큰 배를 띄울 수 없다. 움푹 팬 곳에 물 한 사발 붓고 겨자씨를 띄우면 배가 되지만, 그 물에 잔을 띄우면 가라앉는 것은 물이 얕고 배가 크기 때문이다.

바람이 두툼하지 않으면 그 큰 날개를 받쳐줄 수 없다. 그러므로 9만 리를 올라가 바람을 타고 푸른 하늘을 등에 업은 채 막힘없이 남쪽으로 날아갈 수 있다.

■ 圖南(도남)

"원대한 뜻."

*圖南 ; 대붕이 날개를 펴고 남명(南冥)으로 날아가려고 한다는 뜻으로, 웅대한 일을 계획하고 있음을 비유적으로 이르는 말

【寓言】 도남붕익(圖南鵬翼) ; "남명(南冥)으로 날기 위한 붕새의 날갯짓"이라는 뜻으로 원대한 포부를 품고 비약하는 자세를 뜻한다.

붕새(鵬)가 북쪽 바다에서 남쪽 바다(南冥)로 옮겨갈 때의 거대한 광경을 이르는 말이다.

"북해에 곤(鯤)이라는 물고기가 있다. 그 크기는 몇 천 리가 되는지 알 수 없다. 이 물고기가 화해서 붕(鵬)이라는 새가 된다. 붕새의 등은 그 길이가 몇 천 리가 되는지 알 수 없다. 이 새가 한번 날아오르면 그 날개는 하늘을 덮은 구름처럼 보인다. 이 새는 바다에 물결이 일기 시작하면 남쪽 바다로 옮겨간다. 남쪽 바다는 하늘의 못이다.

붕은 바람을 타고 푸른 하늘을 등에 진 채 거칠 게 하나도 없게 된 뒤에 비로소 남쪽으로 날아가는 것을 꾀한다(而

後乃今將圖南).”

■ 蜩與鷽鳩笑之(조여학구소지)

“매미와 산비둘기가 붕새를 비웃는다.”

*蜩 ; 매미.

*鷽鳩 ; 산비둘기.

{비천한 사람이 훌륭한 사람을 비웃음. 작은 것은 큰 것의 일을 알지 못함.}

■ 適千里者 三月聚糧(적천리자 삼월취량)

“천릿길을 가려는 사람은 석 달 치 식량을 준비한다.”

*適 ; 적합하다, 알맞다.

*聚 ; 모으다, 모이다. 거두어들이다.

【寓言】 매미와 산비둘기가 비웃으며 말하기를(蜩與鷽鳩笑之曰), “우리는 풀쩍 날아 느릅나무 가지에 올라가 머문다. 때로는 거기에도 이르지 못하고 땅에 떨어지는 수도 있지만, 무엇 때문에 9만 리나 올라 남극까지 가는가?”

들판을 나가는 사람은 세 끼 식사만 있으면 되고, 백 리를 가는 사람은 밤새 곡식을 찌어야 하고, 천릿길을 가려는 사람은 석 달 치 식량을 준비한다(適千里者 三月聚糧). 우리 같은 벌레가 어찌 그걸 알겠는가!

여기서 "작은 산비둘기가 붕새를 비웃고 조롱한다"는 『학구소붕(鷽鳩笑鵬)』 성어가 생겨났다.

■ 朝菌不知晦朔 蟪蛄不知春秋

(조균부지회삭 혜고부지춘추)

"아침 버섯은 그믐과 초하루를 알지 못하고, 쓰르라미는 봄, 가을을 모른다."

*朝菌(조균) ; 덧없는 짧은 목숨. 아침에 생겼다가 저녁에 스러지는 버섯에 비유하는 말.

*晦朔(회삭) ; 그믐과 초하루.

*蟪蛄(혜고) ; 여치, 쓰르라미(여름 한 철 산다).

【寓言】 "작은 지혜는 큰 지혜에 미치지 못하고, 짧은 수명은 긴 수명에 미치지 못하는데, 어찌 이러한 이치를 안단 말인가(小知不及大知 小年不及大年 奚以知其然也)?

아침에 나서 해가 뜨면 말라죽는 조균(朝菌)은, 초하루에서 그믐까지 겨우 한 달 동안의 세월도 알지 못한다. 쓰르라미는 여름 동안만의 삶으로 봄 가을을 알지 못한다(朝菌不知晦朔 蟪蛄不知春秋). 이러한 것들은 수명이 짧은 것들이다. 초나라 남쪽에 명령(冥靈)이라는 거북이 있었는데, 오백 년을 봄으로 오백 년을 가을로 살았고, 아주 오래 전에 대춘(大椿)이라는 나무가 있었는데, 팔천 년을 봄으로 팔천 년을 가을로 살았다. 이러한 것들이 수명이 긴 것이다.

그런데 팽조(彭祖)라는 사람이 오래 산 것으로 특히 소문이 나서 사람들이 이처럼 오래 살기를 바라니 또한 슬프지 아니한가!"

생명이 극히 짧음을 비유한 말로서, 단명한 사람은 긴 세월이 있음을 모른다. 우주의 장구한 시간과 비교한다면 인생은 정말로 한순간이다. 그러기에 장자는 제한된 생명에 얽매이지 말고, 그것을 뛰어넘는 정신성과 깊이 있는 삶을 추구하라고 가르쳤다. 수명의 짧음 또는 무상함을 비유하여 이르는 말이다.

〈지북유〉 편에도, "흰 망아지가 문틈으로 지나가는 순간을 언뜻 본다" 는 뜻으로, 세월이 덧없이 빨리 지나가는 것 또는 덧없는 인생을 이르는 『백구과극(白駒過隙)』이라는 성어가 나온다.

■ 猶然笑之 (유연소지)

"초연하게 웃는다."

【寓言】 “지식은 그저 관직 한 자리 맡을 만하고, 그 행실은 한 고을에 걸맞으며, 그 덕은 한 사람의 군주에게 신임을 얻을 만하고, 그 능력은 한 나라에 나타날 정도라 하더라도 스스로 보는 바는 이 메추라기와도 같다고 하겠다. 송영자(宋榮子)는 이들을 그저 초연하게 웃었다(故夫知效一官 行比一鄕 德合一君 而徵一國者 其自視也 亦若此矣 而宋榮子猶然笑之).”

속배(俗輩)의 일에는 초연한 인생 태도를 이르는 말이다.

■ 擧世而譽之而不加勸(거세이예지이불가권) 擧世而非之而不加沮(거세이비지이불가저)
定乎內外之分(정호내외지분) 辨乎榮辱之境(변호영욕지경) 斯已矣(사이의)

“온 세상이 칭찬을 한다 해도 애써 하는 일이 없고, 온 세상이 비난을 한다 해도 꺾이는 일이 없다. 안팎의 분별을 뚜렷이 하고, 영욕(榮辱)의 한계를 알고 있었으므로 그럴 수 있었다.”

*沮 ; 막다, 꺾이다.

*辯 ; 분별하다.

*斯 ; 이, 이것, 곧, 그래서, 이에.

■ 至人無己 神人無功 聖人無名

지인무기 신인무공 성인무명

"지인(至人)은 자기가 없고, 신인(神人)은 공로(功勞)가 없으며, 성인(聖人)은 이름이 없다"

【寓言】 그는(송영자) 이 세상 어디에 있든지 달라지지 않았으나 자신을 제대로 심지(樹) 못했다. 그런데 열자는 바람을 타고 다니는 일을 잘하지만, 15일 후에는 자신의 자리로 되돌아온다. 복을 추구함에 있어 그는 초연했으나, 비록 몸소 걸어 다니는 번거로움은 면했지만, 여전히 기다려야 할 것이 있었다.

천지의 정기를 타고 변화의 기본적인 여섯 가지 기운의 변화를 몰아 끝없이 세상에 노니는 사람은 굳이 무엇을 기다려야만 하겠는가. 그러므로 "지인(至人)은 자기가 없고, 신인(神人)은 공이 없으며, 성인(聖人)은 명예가 없다." 고 말하는 것이다(至人無己 神人無功 聖人無名).

『참된 사람』에게는 자기(自己)라고 하는 것이 없다. 천지간의 자연과 동화하여 자기의 뜻을 따라 움직이는 일이 없기 때문이다. 『신인』곧 신의 영역에 도달한 사람은 아무리 일을 하여도 일한 자취를 남기지 않는다. 따라서 공적이라는 것이 없다. 『성인』이라 일컬어지는 사람은 아무리

공적을 쌓아도, 거기에 따르는 명예 따위를 구하는 일이 없기 때문에 자연히 이름을 남기지 않는다.}

명자 실지빈야
■ 名者 實之賓也

"이름이라는 것은 손님이다."

{이름과 실(實)은 주인과 손님의 관계에 있다. 손님만 있고 주인이 없어도 안 되는 것같이, 이름만 있고 실(實)을 갖추지 않는 것은 아무 소용이 없다.}

초료소어심림 불과일지 언서음하 불과만복
■ 鷦鷯巢於深林 不過一枝 偃鼠飮河 不過滿腹

"뱁새가 깊은 숲속에 둥지를 틀지만, 한 나뭇가지에 지나지 않으며, 두더지가 큰 강물을 마시지만 배를 채우는 데 지나지 않는다."

*鷦鷯 ; 뱁새.

*巢 ; 둥지.

*偃鼠 ; 두더지.

{아무리 욕심을 부려도 실제로 사용할 수 있는 재보(財寶)는 뻔한 게 아니겠는가.}

■ 庖人雖不治庖 尸祝不越樽俎而代之矣

포인수불치포 시축불월준조이대지의

“제사 때 요리하는 사람이 요리를 하지 않는다고 해서 신관(神官)이 그를 대신하여 부엌에 들어가서는 안 된다.”

*庖人 ; 요리사.

*尸祝 ; 제관을 관장하는 사람.

*樽俎 ; 제향 때에 술을 담는 그릇(尊)과 고기를 올려놓는 그릇(俎). 온갖 예의를 갖춘 제향이나 연회를 가리킴.

【寓言】 월조대포(越俎代庖) ; 도마를 넘어가서 제사(祭祀)를 담당하는 사람이 음식 만드는 일을 한다는 뜻으로, 자신의 직분을 벗어나 남의 직분이나 권한 따위를 침범하는 일을 이르는 말. 즉 주제넘은 참견을 말한다.

허유가 살던 시대에는 요풍순우(堯風舜雨 ; 요 · 순의 어진 덕이 천하에 널리 퍼진 것을 비바람의 혜택이 이르지 않는 곳이 없음에 견주어 이른 말)의 덕이 이르지 않는 곳이 없으니, 백성들은 오히려 정치가 있는지 없는지조차도 모르고 살았다. 권력으로부터 시달림을 받는 일도 억울함을 당하는 일도 없었다. 오직 제 할 일만 하고 살면 그만이었다.

요(堯)임금 시절, 허유(許由)라는 덕이 높은 은자가 있었다. 요임금이 그 소문을 듣고 왕위를 물려주고자 했다.

허유가 말했다. "…… 뱁새가 깊은 숲 속에 둥지를 튼다 해도 나뭇가지 하나면 충분하고, 두더지가 황하의 물을 마신다 해도 배 하나 채우는 데 족합니다(鷦鷯巢於深林 不過一枝 偃鼠飮河 不過滿腹). 돌아가십시오, 제게 천하가 무슨 소용이 있겠습니까? 제사 때 요리하는 사람이 요리를 하지 않는다고 해서 신관(神官)이 그를 대신하여 부엌에 들어가지는 않는 법입니다(庖人雖不治庖, 尸祝不越樽俎而代之矣)."

이렇게 말하고 허유는 기산(箕山)에 들어가 숨어 살았다.

이 이야기는 노자의 사상을 철학으로서 완성시킨 장자의 사상의 일면을 잘 드러내고 있다. 세상의 권력을 탐하는 사람들에게 최고 권력이란 지상의 모든 것을 가질 수 있는 수단이지만, 이를 단호하게 거절할 수 있는 사람은 흔치 않다. 허유의 말은 세상에는 다 자신에 맞는 직분이 있으며, 지혜로운 사람이라고 해서 모두 왕이 되기를 원하지는 않음을 보여주고 있다.

여기서 『소림일지』, 『음하만복』의 성어가 생겨났다.

■ 吾驚怖其言猶河漢而無極也
(오경포기언유하한이무극야)

"나는 그 이야기에 그만 놀라고 두렵기까지 하였는데,

그 말은 마치 하늘의 은하수와 같아서 끝이 없었다."

*怖 ; 두려워하다, 무서워하다, 겁내다.

*河漢 ; 남북으로 길게 보이는 은하계를 강으로 보고 하는 말.

막 고 야 지 산 유 신 인 거 언
■ 藐姑射之山 有神人居焉

"막고야산(藐姑射山)에 신인(有神)이 살고 있다."

*藐 ; 멀다, 작다, 어둡다, 희미하다.

*姑 ; 시어머니, 고모, 시누이.

*射 ; 야로 읽는다.

고 자 무 이 여 호 문 장 지 관 농 자 무 이 여 호 종 고 지 성
■ 瞽者無以與乎文章之觀 聾者無以與乎鍾鼓之聲
개 유 형 해 유 농 맹 재
豈唯形骸有聾盲哉

"장님은 무늬의 아름다움이 보이지 않고, 귀머거리는 악기의 소리가 들리지 않는다. 어찌 형체에만 장님과 귀머거리가 있겠는가?"

*瞽 ; 눈이 멀다, 맹목적이다, 분별력이 없다.

*聾 ; 귀가 먹다, 사리가 어둡다, 말귀가 어둡다.

*形骸 ; 사람의 몸뚱이(몸과 뼈), 육체.

【寓言】 막고야산(藐姑射山) ; 신선들이 살고 있다는 전설 속의 산.

견오(肩吾)와 연숙(連叔)은 전설상의 신선이다. 어느 날, 견오가 연숙에게 말했다.

"내가 초나라의 은사(隱士) 접여(接輿)에게서 들은 말인데, 그게 도무지 크기만 했지 합당하지 않고, 앞으로 나아가기만 했지 돌아올 줄 모른다더군. 나는 그 이야기가 마치 은하수처럼 끝없이 이어져 두렵기까지 하였다네(吾驚怖其言猶河漢而無極也). 도대체 길과 뜰처럼 동떨어져 상식으로는 이해할 수 없었다네."

연숙이 물었다. "그 말이 어떤 것이었는가?"

견오가 대답하였다. "막고야산에는 신인이 살고 있는데(藐姑射之山, 有神人居焉), 얼음과 눈같이 차고 희며, 온화하고 부드럽기가 처녀 같다 합니다. 오곡은 먹지도 않고 바람을 마시고 이슬을 먹는데, 구름을 타고 비룡을 몰고 다니며 사해 밖을 떠돕니다. 그 정신이 응집하면 만물이 병들지 않게 하고, 농사가 풍년이 든다 합니다. 나는 이 말이 너무 어이없어 믿지는 않습니다."

그러자 연숙이 말했다. "그렇군. 장님은 그 때문에 색깔의 아름다움을 보지 못하고, 귀머거리는 그 때문에 종과 북소리를 듣지 못하네. 어찌 형체에만 장님과 귀머거리가 있겠는가? 지식에도 그와 같다네(然 瞽者無以與乎文章之觀 聾者無以與乎鍾鼓之聲 豈唯形骸有聾盲哉 夫知亦有之). 바로 자네 같은 사람을 두고 이르는 말일세. 신인의 덕은 만물을 섞어 하나로 만들려는 것이라네. 세상은 그가 천하를 다스릴 것을 바라고 있으나, 그가 무엇 때문에 마음과 몸을 피로하게 하며 그 일을 하겠는가!

이 사람은 외계의 어떤 사물로도 해칠 수 없으니, 홍수가 나서 물이 하늘까지 닿아도 빠져 죽지 않고, 큰 가뭄에 금석이 녹아내려도 뜨겁다고 하지 않는다네. 먼지나 때, 작은 겨자씨로도 능히 요·순을 만들 수 있는 사람인데, 무엇 때문에 그가 굳이 천하를 다스리려 하겠는가(之人也 物莫之傷 大浸稽天而不溺 大旱金石流 土山焦而不熱 是其塵垢粃糠 將猶陶鑄堯舜者也 孰肯以物爲事).”

장자가 말하는 『막고야산』은 바로 무위의 도를 갖춘 자유인이 사는 곳을 가리키는 것이다.

또 “이야기가 마치 은하수처럼 끝없이 이어져 두렵기까지 하였다네(吾驚怖其言 猶河漢而無極也).”라는 말에서, “은하수가 멀리 떨어져 있어서 그곳의 일을 알 수 없듯이, 전혀 이

해할 수 없는 말, 종잡을 수 없는 말, 막연한 말" 을 이르는 『하한지언(河漢之言)』이라는 성어가 생겨났다.

장자는, 세상은 스스로 다스려지도록 되어 있다고 본다. 즉 세상을 작위가 아니라 무위의 관점에서 바라보는 것이다. 정치가 세상을 억지로 다스리려고 하는 이유는 나와 만물을 구분하고, 나의 생각은 바른데, 만물은 그르다고 생각하기 때문이다. 하지만 장자는 나와 만물이 어울려 하나이기 때문에 거기에는 잘된 것도 없고 잘못된 것도 없는 그야말로 있는 그대로일 뿐이라는 생각을 가지고 있기 때문에 세상을 억지로 다스릴 필요가 없는 것이다.

대침계천이불닉 대한금석류 토산초이불열
■ 大侵稽天而不溺 大旱金石流 土山焦而不熱

"큰 홍수가 나서 하늘에까지 닿을 지경이 되어도 물에 빠지지 않고, 큰 가뭄으로 쇠와 돌이 녹고 흙과 산이 타들어가도 뜨겁지 않다."

*大浸 ; 홍수.

*稽 ; 헤아리다.

*溺 ; 빠지다, 빠뜨리다.

*焦 ; 타다, 그을리다, 태우다.

{하늘에까지 이를 것 같은 대홍수가 나도 참된 사람은 그 물에 빠져서 헤어나오지 못하는 일은 없고, 아무리 심한 가뭄으로 쇠붙이가 녹을 정도로 더워도 참된 사람은 그 더위를 느끼지 않는다. 사물에 대해서 항상 정신이 초월해 있기 때문이다.}

요 연 상 기 천 하 언
■ 窅然喪其天下焉

"정신이 아득할 정도로 너무 낙담해서 자기가 다스리는 천하를 잊어버렸다."

*窅然 ; 정신이 멍하다. 아련하다.

【寓言】 송나라 사람이 월나라로 갓을 팔러 갔는데, 월나라 사람들은 모두 머리를 짧게 깎고 문신을 했다. 그들에게는 모자가 필요 없었다.

요(堯)임금은 천하를 다스려서 그것으로 만족스럽게 생각하고 있었다. 어느 날, 막고야산(藐姑射山)에 살고 있는 네 사람의 은자(隱者)를 만났다. 그들은 무위(無爲)의 세상에 사는 신인(神人)들이었다. 임금의 자리를 부러워하지 않으니, 요임금에게 아무런 관심도 표시하지 않았다. 정치에도 아무 관심이 없었다.

하산을 한 후, 요임금은 망연자실했다. 세속에 묶여 있던 자기의 어리석음을 깨달았다는 것이다.

■ 拙於用大矣(졸어용대의)

"큰 것을 사용하는 방법이 서투르다."

*拙 ; 옹졸하다, 둔하다, 서투르다.

【寓言】 위(魏)나라 재상 혜자(惠子)가 장자에게 말했다. "위왕(魏王)이 내게 큰 호로박씨를 보내주기에 그것을 심었더니 다섯 섬들이 박이 열었는데, 그 속을 파내고 장을 담갔더니 무거워서 들 수가 없었고, 두 쪽으로 쪼개 바가지를 만들었으나 너무 넓어서 쓸 데가 없네. 텅 비어 크기는 했지만 쓸모가 없어서 결국 깨뜨려 버렸다네."

이 말에 장자(莊子)는, "자넨 큰 것을 사용하는 방법이 서투르군(夫子固拙於用大矣). 호로박이 물이나 술을 담기에 너무 크다면 그것으로 배(船) 대신 호수에 띄워 뱃놀이(船遊)를 할 수 있을 텐데." 라고 말했다.

고정관념에 사로잡히지 말고 그 물건이 처한 그때의 사고법으로 처리해야 한다는 말이다.

■ 蓬之心(봉지심)

"쑥 같은 마음."

*蓬心 ; 지식이 부족하여 사리를 통달하지 못함, 자기의 지식이나 생각이 보잘것없음.

{장자가 앞에서 큰 호로박을 깨뜨려버린 혜자에게, "틀에 박힌 좁은 식견" 이라고 말했듯이, 봉심(蓬心)이란 쑥이 무성하게 자라서 들을 덮는 것처럼 잡념으로 가득 차 있는 마음을 이르는 말이다.}

2. 逍遙遊

北冥有魚, 其名爲鯤. 鯤之大, 不知其幾千里也. 化而爲鳥, 其名爲鵬. 鵬之背, 不知其幾千里也. 怒而飛, 其翼若垂天之雲. 是鳥也, 海運則將徙於南冥. 南冥者, 天池也.

《齊諧》者, 志怪者也.《諧》之言曰 :“鵬之徙於南冥也, 水擊三千里, 摶扶搖而上者九萬里, 去以六月息者也.”野馬也, 塵埃也, 生物之以息相吹也. 天之蒼蒼, 其正色邪? 其遠而無所至極邪? 其視下也, 亦若是則已矣.

且夫水之積也不厚, 則其負大舟也無力. 覆杯水於坳堂之上, 則芥爲之舟. 置杯焉則膠, 水淺而舟大也. 風之積也不厚, 則其負大翼也無力. 故九萬里則風斯在下矣, 而後乃今培風 ; 背負青天而莫之夭閼者, 而後乃今將圖南.

蜩與鷽鳩笑之曰 :“我決起而飛, 槍榆枋而止, 時則不至, 而控於地而已矣, 奚以之九萬里而南爲?”適莽蒼者, 三餐而反, 腹猶果然 ; 適百里者, 宿舂糧 ; 適千里者, 三月聚糧. 之二蟲又何知!

小知不及大知, 小年不及大年. 奚以知其然也? 朝菌不知晦朔, 蟪蛄不知春秋, 此小年也. 楚之南有冥靈者, 以五百歲爲春, 五百歲爲 秋；上古有大椿者, 以八千歲爲春, 八千歲爲秋. 而彭祖乃今以久特聞, 衆人匹之, 不亦悲乎!

湯之問棘也是已：窮發之北, 有冥海者, 天池也. 有魚焉, 其廣數千里, 未有知其修者, 其名爲鯤. 有鳥焉, 其名爲鵬, 背若泰山, 翼若垂天之雲, 搏扶搖羊角而上者九萬里, 絕雲氣, 負青天, 然後圖南, 且適南冥也.

斥鴳笑之曰："彼且奚適也? 我騰躍而上, 不過數仞而下, 翱翔蓬蒿之間, 此亦飛之至也, 而彼且奚適也?" 此小大之辯也.

故夫知效一官, 行比一鄕, 德合一君, 而徵一國者, 其自視也, 亦若此矣. 而宋榮子猶然笑之. 且擧世而譽之而不加勸, 擧世而非之而不加沮, 定乎內外之分, 辯乎榮辱之境, 斯已矣. 彼其於世, 未數數然也. 雖然, 猶有未樹也.

夫列子禦風而行, 泠然善也, 旬有五日而後反. 彼於致福者, 未數數然也. 此雖免乎行, 猶有所待者也.

若夫乘天地之正, 而禦六氣之辯, 以遊無窮者, 彼且惡乎待哉! 故曰：至人無己, 神人無功, 聖人無名.

堯讓天下於許由, 曰："日月出矣, 而爝火不息, 其於光也, 不亦難乎! 時雨降矣, 而猶浸灌, 其於澤也, 不亦勞乎! 夫子立而天下治, 而我猶尸之, 吾自視缺然. 請致天下." 許由曰："子治天下, 天下既已治也, 而我猶代子, 吾將爲名乎? 名者, 實之賓也, 吾將爲賓乎? 鷦鷯巢於深林, 不過一枝 ; 偃鼠飮河, 不過滿腹. 歸休乎君, 予無所用天下爲! 庖人雖不治庖, 尸祝不越樽俎而代之矣."

肩吾問於連叔曰 : "吾聞言於接輿, 大而無當, 往而不返. 吾驚怖其言猶河漢而無極也, 大有徑庭, 不近人情焉." 連叔曰 : "其言謂何哉?" "曰 '藐姑射之山, 有神人居焉. 肌膚若冰雪, 淖約若處子 ; 不食五穀, 吸風飮露 ; 乘雲氣, 禦飛龍, 而遊乎四海之外 ; 其神凝, 使物不疵癘而年穀熟.' 吾以是狂而不信也." 連叔曰 : "然, 瞽者無以與乎文章之觀, 聾者無以與乎鍾鼓之聲. 豈唯形骸有聾盲哉? 夫知亦有之. 是其言也, 猶時女也. 之人也, 之德也, 將旁礴萬物以爲一, 世蘄乎亂, 孰弊弊焉以天下爲事! 之人也, 物莫之傷, 大浸稽天而不溺, 大旱金石流, 土山焦而不熱. 是其塵垢粃糠, 將猶陶鑄堯舜者也, 孰肯以物爲事!"

宋人次章甫而適越, 越人斷發文身, 無所用之.

堯治天下之民, 平海內之政. 往見四子藐姑射之山, 汾水之陽, 窅然喪其天下焉.

惠子謂莊子曰 : "魏王貽我大瓠之種, 我樹之成而實五石. 以盛水漿, 其堅不能自擧也. 剖之以爲瓢, 則瓠落無所容. 非不呺然大也, 吾爲其無用而掊之." 莊子曰 : "夫子固拙於用大矣.

宋人有善爲不龜手之藥者, 世世以洴澼絖爲事. 客聞之, 請買其方百金. 聚族而謀之曰 : '我世世爲澼絖, 不過數金. 今一朝而鬻技百金, 請與之.' 客得之, 以說吳王. 越有難, 吳王使之將. 冬, 與越人水戰, 大敗越人, 裂地而封之. 能不龜手一也, 或以封, 或不免於澼絖, 則所用之異也. 今子有五石之瓠, 何不慮以爲大樽而浮乎江湖, 而憂其瓠落無所容? 則夫子猶有蓬之心也夫!"

惠子謂莊子曰 : "吾有大樹, 人謂之樗. 其大本臃腫而不中繩墨, 其小枝卷曲而不中規矩. 立之塗, 匠者不顧. 今子之言, 大而無用, 眾所同去也." 莊子曰 : "子獨不見狸狌乎? 卑身而伏, 以候敖者 ; 東西跳梁, 不避高下 ; 中於機辟, 死於罔罟. 今夫斄牛, 其大若垂天之雲. 此能爲大矣, 而不能執鼠. 今子有大樹, 患其無用, 何不樹之於無何有之鄉, 廣莫之野, 彷徨乎無爲其側, 逍遙乎寢臥其下. 不夭斤斧, 物無害者, 無所可用, 安所困苦哉!

2. 제물론(齊物論)

장자의 꿈도 한 평생, 나비의 꿈도 한 평생

"어느 날, 장주(莊周)는 꿈속에서 나비가 되었다. 날개에 몸을 맡겨 훨훨 허공을 나는 즐거움, 나는 내가 나라는 것도 잊고 그 즐거움에 빠졌다. 이윽고 무심코 눈을 떴다. 나는 역시 현세에 있는 그대로의 나였다. 그러면 이 세상에 있는 내가 꿈속에서 저 나비가 된 것일까? 아니면 저 훨훨 자유롭게 날고 있던 나비가 꿈속에서 나라는 인간이 되어 있는 것일까? 내가 나비인지 나비가 나인지, 꿈이 현실인지 현실이 꿈인지……"

외람된 인간적 분별로 보면 장주(莊周)와 나비(胡蝶) 사이에는 뚜렷한 구별이 있고 꿈과 현실도 역시 뚜렷하게 다르다. 장주는 장주이며, 나비가 장주일 수는 없다. 현실은 어디까지나 현실로서 꿈이 현실일 수는 없다. 그러나 이런 구별을 지어 그것에 구애되는 것, 그 자체가 실은 인간의 외람됨이며, 또 어리석음이기도 하다.

『도(道)』의 세계, 본체의 세계에서 내려다보면 모든 것은 생멸유전(生滅流轉), 끊임없는 변화—『물화(物化)』 가운데 있으며, 그 하나하나의 것 전부가 각기 진(眞)이고 실(實)이라고도 할 수 있다.

현재의 모습(相)에 집착함으로써 장주는 장주이고 나비는 나비라고 하지만, 실재의 세계에 있어서는 장주도 또한 나비이고 나비 또한 장주일 것이다. 현실도 꿈이고 꿈도 또한 현실일 것이다.

그리하여 이 철인(哲人)은 생각한다. 『도(道)』의 세계에 살고 있는 자로서는, 그 어느 것이나 똑같이 보고, 있는 그대로 있는 것, 깨면 장주로서 살고, 꿈을 꾸면 나비로서 춤추며, 주어진 지금의 모습으로서 지금을 즐기는 것, 다시 말해 현재의 긍정, 그것이 진정한 『자유(自由)』에 산다는 의미가 아닐까 하고.

*제물(齊物) ; '사물을 평균적인 시각으로 편견 없이 공평하게 관조한다'는 뜻으로, 일반적인 세상의 가치관을 초월하여 높은 경지에서 볼 때 모든 사물은 한결같은 것이다. 이러한 주장을 나타내고 있는 이야기의 하나가 이 『호접몽』이다. 문학과 예술 면에 널리 애용되고 있는 말이다.

■ 嗒焉喪其耦(탑언상기우)

"자기의 존재를 잊고 그 상대를 잃었다."

*嗒焉(탑언) ; 탑연(嗒然 ; 아무 생각 없이 우두커니 있는 모양), 멍하다.

*耦(우) ; 짝을 이루다.

{나라는 존재를 깨끗이 잊고 자연과 동화된 절대적인 경지에 들어서다. 탑언(嗒焉)은 자기를 잊는 멍한 상태. 우(耦)는 상대, 즉 상대를 잃는다는 것은 대비할 사람이 없는 절대의 경지에 있는 것을 말한다. 남곽자기(南郭子綦 : 마음이 언제나 비어 있어 고요하고 맑아 자신을 바로 자연이게 했다는 초나라의 현인)가 책상 옆에 앉아서 정신이 나간 듯 하늘을 보고 탄식하였다.}

■ 今者吾喪我(금자오상아)

"지금 나는 나를 버렸다."

*吾喪我 ; 내가 나를 장사지내다.

【寓言】 남곽자기(南郭子綦)가 안석에 기댄 채 하늘을 쳐다보다 한숨을 내쉬고 물아를 잊은 듯 멍하게 앉아 있을 때, 안성자유(顏成子遊)가 그 앞에 시립해 있다가 말했다.

“어떻게 그렇게 몸을 고목처럼 만들고 마음을 불 꺼진 재처럼 만들 수 있습니까? 지금 안석에 앉아 있는 사람은 이전에 안석에 앉아 있던 사람이 아닌 것 같습니다(何居乎 形固可使如槁木 而心固可使如死灰乎 今之隱机者 非昔之隱机者也).”

남곽자기가 대답했다. “언(偃 ; 안성자유의 이름)아, 어리석구나, 그런 질문을 하다니! 지금 나는 나를 버렸는데, 네가 이를 알겠는가! 너는 사람의 피리소리는 들었어도 땅의 피리소리는 못 들었을 게야. 설령 땅의 피리소리는 들었더라도 하늘이 내는 피리소리는 못 들었을 것이다(偃 不亦善乎 而問之也 今者吾喪我 汝知之乎 汝聞人籟而未聞地籟 汝聞地籟而不聞天籟夫)!”

『오상아(吾喪我)』는 직역하면, “내가 나를 장사지내다” 라는 말인데, 이는 자살하라는 말이 아니라, 자신을 죽인 이후에야 비로소 다른 사람을 받아들이고 더 큰 뜻을 이룰 수 있다는 의미이기도 하다. 죽음의 문턱까지 가 본 사람은 세상을 달리 본다고 한다. “내가 왜 그렇게 살았지?” 라고 되물으며 자기 삶을 되돌아보게 된다.

『심고가사여사회(心固可使如死灰)』는, 타다 남은 재는 다시 탈 수도 있지만, 죽은 재는 그렇게 될 수 없다.

인간의 마음도 그러한 죽은 재와 마찬가지로 동요하지 않는 상태로 두는 것이 좋다는 말이다.

남곽자기는 초나라 소왕(昭王)의 서제(庶弟)로, 남쪽 외성 쪽에 살았다고 하여 그렇게 부르게 되었다.

■ 大知閑閑 小知間間 大言炎炎 小言詹詹
(대지한한 소지간간 대언염염 소언첨첨)

“커다란 지혜는 여유롭고, 작은 지혜는 촘촘하다. 큰 말은 힘차고, 작은 말은 수다스럽다.”

*閑閑 ; 조용하고 한가로움.

*間間 ; 간간이, 때때로.

*炎炎 ; 몹시 뜨겁다, 이글거리다.

*詹詹 ; 수다스럽다

【寓言】 커다란 지혜는 여유롭고, 작은 지혜는 촘촘하다. 큰 말은 힘차고, 작은 말은 수다스럽다. 잠들어서도 꿈을 꾸어 마음이 쉴 사이가 없고, 잠에서 깨어나면 몸이 외계의 욕망을 받아들여 서로 접촉하며 세상일에 얽히니, 날마다 마음에서 다툼이 인다. 끝없이 늘어지기도 하고, 깊숙이 빠져들기도 하고, 깐깐하여 들어붙기도 하는데, 작은 두려움에는 바들바들 떨고 큰 두려움에는 오히려 덤덤하다.

밖으로 나타남이 시위에 먹인 화살 같다 함은 시비를 따지는 것이 그러하다는 말이다.

죽어가는 모습이 가을에서 겨울로 넘어가는 것과 같다는 말은 마치 사람들이 나날이 쇠약해 가는 것을 이르는 말이다.

인간은 욕망의 수렁에 빠져 들어가 다시는 돌이킬 수 없게 된다. 또한 상자 속에 갇힌 듯하다는 말은 늙어갈수록 도리에 어긋나고 있음을 이르는 말이다. 죽어가는 마음은 다시 소생시킬 수 없다.

■ 樂出虛(악출허)

"음악은 텅 빈 공간에서 생긴다."

{음악소리는 피리건 종이건 모두 그 빈(空虛) 곳에서 나온다. 피리나 젓대 같은 악기는 속이 텅 빈 대나무 통에 불과해 보이지만, 입으로 불면 아무것도 없는 허한 공간에서 음률을 만들어낸다.

무엇이든 받아들일 때에는 훤히 비어있는 상태로 있어야 한다는 의미이다. 사람의 마음도 비우지 않으면 참된 마음은 나오지 않는다.}

■ 有眞君存焉

유진군존언

"참 주재자가 따로 있을 것이다."

【寓言】 만일 근원이 없다면 내가 존재할 수가 없고, 내가 없다면 그것을 취할 수가 없다. 그러니 감정의 근원과 나는 아주 가까운 사이이다.

그러나 무엇 때문에 그렇게 되는지는 알 수가 없다. 참된 주재자가 있는 것 같지만, 그 조짐을 알 수가 없다. 행하는 바를 믿으나, 형체는 볼 수가 없다. 마음이 있으나 그 형태는 찾을 수가 없다. 백 개의 뼈, 아홉 개의 구멍, 여섯 개의 내장, 나는 그 가운데 어느 것과 가까운가?

그대(子遊)는 모두 다 좋아하는가, 아니면 특히 더 좋아하는 게 있는가? 결국 똑같은 가치를 지닌 채 우리를 섬기는 하인이 아니겠는가. 머슴이나 첩들은 서로 다스릴 수가 없는 게 아닌가.

그것들이 서로 주인이 되고 종이 되고 할 수 있겠는가? '역시 참된 주재자는 따로 있을 것이다(其有真君存焉).' 우리가 그 사실을 헤아리든 못 헤아리든 그 주재자의 참된 가치는 전혀 변화가 없을 것이다.

이 우주 사이에는 정말로 어떤 주재자가 있어 모든 것을 지배하고 있는 것 같다. 그것이 신(神)이건 하느님이건 어느 것이나 대자연에는 불변의 조리(條理)가 존재한다.

미성호심이유시비 시금일적월이석지야

■ 未成乎心而有是非 是今日適越而昔至也

"타고난 마음을 따르지 않고 옳고 그름을 따진다면, 이는 오늘 월(越)나라로 떠나서 어제 그곳에 도달한 것이다."

*適 ; 맞다, 마땅하다.

*成心 ; 이미 형성된 마음, 고정관념.

【寓言】 성심(成心 ; 고정관념)을 따라 그것을 스승으로 삼으면 누군들 유독 스승이 없겠는가? 어찌 모든 것을 다 아는 자만이 스승이 있다고 할 것인가. 어리석은 사람도 성심이 있다. '타고난 마음을 따르지 않고 옳고 그름을 따진다면, 이는 오늘 월나라로 떠나면서 어제 도착했다고 하는 것과 같다(未成乎心而有是非 是今日適越而昔至也).'

이는 없는 일을 있다고 하는 것이다. 있을 수 없는 일을 있다고 우긴다면, 비록 신묘한 지혜가 있는 우임금이라도 알 수 없을 일이다. 하물며 나 같은 사람이 어찌 알 수 있겠는가?

부 언 비 취 야 언 자 유 언
■ 夫言非吹也 言者有言

“무릇 말이란 불어서 내는 소리가 아니다. 말에는 표현하고자 함이 있어야 한다.”

*吹 ; 불다, 소리, 음성

도 은 어 소 성 언 은 어 영 화
■ 道隱於小成 言隱於榮華

“도는 작은 성취 때문에 숨고, 말은 화려한 꾸밈 속에 가려진다.”

*隱 ; 숨다, 가리다, 감추다, 은폐하다.

【寓言】 ‘무릇 말이란 소리가 아니다. 말에는 표현하고자 하는 것이 있기 때문이다(夫言非吹也 言者有言).’ 그러나 그 표현하고자 하는 바는 정해져 있는 것은 아니다. 과연 말이란 있는 것일까? 아니면 일찍이 없었던 것일까? 말은 새끼 새의 울음과는 다르다고 하는데, 과연 거기에는 구별이 있는 것일까? 아니면 없는 것일까?

도의 진위(眞僞)를 가리는 것은 무엇일까? 말의 시비를 가리는 것은 무엇일까? 도는 어디에 있고, 어디에 없는 것일까? 말은 어디에 있고, 어디에 없는 것일까? ‘도는 작은 성취 때문에 숨겨지고, 말은 화려한 꾸밈에 가려진다(道隱於

小成 言隱於榮華).'

그러므로 유가와 묵가의 시비도 여기서 생기는 것이다. 사람들은 상대방이 그르다고 하는 바를 옳다고 하고, 상대방이 옳다고 하는 바를 그르다고 한다. 만일 상대방이 그르다고 하는 바를 옳다고 하고, 상대방이 옳다고 하는 바를 그르다고 하려면 밝은 지혜가 있어야 할 것이다.

물무비피 물무비시
■ 物無非彼 物無非是

"만물은 저것 아닌 것이 없고, 이것 아닌 것이 없다."

{어떤 것이라도 그 보는 견해에 따라서 이렇기도 하고 저렇기도 하다. 시비선악(是非善惡)의 의론은 있지만, 입장이 바뀜에 따라 시(是)는 비(非)가 되기도 하고, 비(非)는 시(是)가 되기도 한다.}

방생방사 방사방생 방가방불가 방불가방가
■ 方生方死 方死方生 方可方不可 方不可方可

"삶이 있으면 죽음이 있고, 죽음이 있으니 삶도 있다. 옳은 것이 있으므로 옳지 않은 것이 있고, 옳지 않은 것이 있으므로 옳은 것이 있다."

따라서 성인은 상대적인 시시비비를 떠나 홀로 도에 비

추어 본다. 이것이야말로 크나큰 긍정이다. 이것은 곧 저것이며, 저것이 곧 이것이다. 저것에도 하나의 옳고 그름이 있고, 이것에도 하나의 옳고 그름이 있다(彼亦一是非 此亦一是非).

■ 彼亦一是非 此亦一是非
(피역일시비 차역일시비)

"저것에도 하나의 옳고 그름이 있고, 이것에도 하나의 옳고 그름이 있다."

{그러므로 "밝은 지혜로써 판단하는 것이 가장 좋다."라고 하는 것이다.}

【寓言】 '어느 것이나 저것이 아닌 것이 없고, 이것이 아닌 것이 없다(物無非彼 物無非是).' 저쪽에서 보면 깨닫지 못하던 것을 이쪽에서 보면 알게 된다. 따라서 저것은 이것에서 비롯되고, 이것 또한 저것에서 비롯된다고 말할 수 있다. 곧 저것과 이것이 동시에 생겨난다는 말이다.

그러므로 '삶이 있으면 죽음이 있고, 죽음이 있으니 삶도 있다. 옳은 것이 있으므로 옳지 않은 것이 있고, 옳지 않은 것이 있으므로 옳은 것이 있다(方生方死 方死方生 方可方不可 方不可方可).' 옳음에서 그릇됨이 나오고 그릇됨에서 옳음이 나온다.

그러므로 성인은 이와 같은 상대적인 것에 의지하지 않고, 하늘의 법에 비추어 본다. 이것이야말로 진정 옳음에 의지하는 셈이다. 이것은 곧 저것이며, 저것이 곧 이것이다. '저것에도 하나의 옳고 그름이 있고, 이것에도 하나의 옳고 그름이 있다(彼亦一是非 此亦一是非).'

과연 저것과 이것은 있는 것일까? 아니면 저것과 이것은 없는 것일까? 이것과 저것이란 상대적인 개념이 없는 것을 도추(道樞 ; 사물의 상대적인 참과 거짓, 옳고 그름의 대립을 넘어선 절대적인 道의 경지)라 한다. 도추가 가장 알맞은 가운데 들어맞아야만 비로소 무궁한 변화에 대응할 수 있게 된다.

옳음도 하나의 무궁한 변화이고, 그릇됨도 또한 하나의 무궁한 변화 중 하나이다. 그러므로 "밝은 지혜로써 판단하는 것이 가장 좋다."라고 하는 것이다.

■ 天地一指也 萬物一馬也
(천지일지야 만물일마야)

"천지는 한 개의 손가락이요, 만물은 한 마리의 말(馬)이다."

{천지만물 우주 간의 모든 것은 한 개의 손가락, 한 마리의 말과 같으며, 모두 일체(一體)다. 거기에는 아무런 차별도 없다. 어떤 사람이 다른 사람의 손가락을 보고 자기 손가락을 기준으로 해서 네 손가락은 손가락이 아니라고 한다. 또는 자기 말(馬)을 기준으로 해서 네 말(馬)은 말이 아니라고 말한다.

그러나 어느 누구의 손가락도 모두 손가락이고, 어느 말(馬)도 말은 모두 말임에 틀림이 없다. 즉 천지 간에 삼라만상이 있다고 해도 결국은 하나의 손가락, 한 마리의 말(馬)과 같이 일체(一體)이고 시비선악(是非善惡)도 그 차이가 없는 것이다.}

■ 朝三而暮四(조삼이모사)

"아침에는 세 개, 저녁에는 네 개."

{곧 눈앞에 당장 나타나는 차별이나 득실만을 알고 그 결과가 같음은 모름을 비유할 때 쓰이는 말이다.}

【寓言】 조삼모사(朝三暮四) ; 송(宋)나라에 저공(狙公)이라는 사람이 있었다. 저(狙)는 원숭이란 말이다. 그 이름대로 원숭이를 좋아해서 많은 원숭이를 사육하고 있었다. 그

러다 보니 원숭이 사료에 들어가는 비용이 만만치 않았다. 그래서 저공은 원숭이에게 주는 먹이를 줄이기로 했다.

그래서 저공이 원숭이들에게 말했다. "지금부터는 먹이를 아침에는 세 개, 저녁에는 네 개로 한다(朝三而暮四)."

그러자 원숭이들은, "그러면 배가 고프다." 라고 하면서 화를 냈다.

저공이 다시 말했다. "그러면 아침에는 네 개, 저녁에는 세 개로 하면(朝四而暮三) 어떻겠나?"

그러자 원숭이들은 좋아했다. 이 우화는 《열자(列子)》 황제(黃帝)에 있는 이야기다.

〈제물론〉 편의 우화에서의 의미는 다소 다르다. 《열자》의 경우는, "『조삼모사』나 『조사모삼』이 실질적으로는 같으면서 원숭이들은 朝三을 싫어하고 朝四를 좋아하였다. 지자(知者)가 우자(愚者)를 농락하고 성인이 중인(衆人)을 농락하는 것도 저공이 지혜로써 원숭이들을 농락한 것과 같다." 라고 맺고 있다.

《장자》의 경우는 농락당하는 자들의 입장에서, "공을 들여 같은 하나를 이루고도 그것이 같다는 것을 모르는 것을 朝三이라고 한다." 라고 말하고, 그 뒤에 이 『조삼모사』의 고사를 들어 시비선악(是非善惡)에 집착하는 자가,

달관(達觀)을 하면 하나라는 것을 모르고, 쓸데없는 편견을 갖게 된다는 비유로 삼고 있다.

그러나 현재 쓰이고 있는 『조삼모사』는 저공이 원숭이를 농락했다는 데서부터, "사람을 농락하여 그 수작 속에 빠뜨리는 것" 이라든가, "사술로써 사람을 속이는 것" 이라든가 하는 의미로 쓰이고 있다. 곧 눈앞에 당장 나타나는 차별이나 득실만을 알고 그 결과가 같음은 모름을 비유할 때 쓰이는 말이다.

■ 堅白之昧(견백지매)

"견백(堅白)의 어리석음."

{도리에 어긋나는 아무 소용도 없는 이론을 늘어놓는 것을 이르는 말이다.

작은 돌멩이를 손안에 넣고 만지면 단단함(堅)은 알 수 있지만 색깔을 모르고, 놓고서 보면 흰색(白)임은 알지만, 단단함을 모른다. 이는 편견에서 생기는 애매모호함을 비유하는 말로서 『견백론(堅白論)』이라고도 한다.

만일 이런 상태임에도 불구하고 이것을 이룬 것이라고 한다면 나도 이룬 것이 있고, 이룬 것이 아니라면 누구든지

이룬 것이 없는 것이 되는 것이다.}

【寓言】 견백동이(堅白同異) ; 단단한 흰 돌을 눈으로 보아서는 흰 것을 알 수 있으나, 단단한지는 모른다는 뜻으로, 억지논리, 궤변을 이르는 말이다. 『견백동이지변(堅白同異之辯)』이라고 한다. 단단하고 흰 돌은 눈으로 보아서는 그것이 흰 것을 알 수 있으나 단단한지는 모르며, 손으로 만져 보았을 때에는 그것이 단단한 것인 줄 알 수 있을 뿐 빛깔은 흰지 모르므로, 단단하고 흰 돌은 동일한 물건이 아니라고 설명하는 억지 논리, 일종의 궤변이다.

《사기》 맹자순경열전에도 나오는 이야기다.

전국시대 조(趙)나라의 학자 공손룡(公孫龍)이 『견백동이(堅白同異)』라는 논리를 폈다.

"단단한 흰 돌을 눈으로 보아서는 흰 것을 알 수 있으나 단단한지는 모르며, 손으로 만져 보았을 때는 그 단단한 것을 알 뿐 빛이 흰지는 모르므로 단단한 돌과 흰 돌과는 같은 물건이 아니다."

공손룡은 장자와 같은 시대 사람으로, 당시 사상가들과 마찬가지로 봉건 제후들에게 조언을 하고 제자들에게 논리학적 훈련을 시키는 일을 하였는데, 어떤 삶을 살았는지는 상세한 기록을 볼 수 없다. 그의 저작으로는 《공손룡자(公

孫龍子)》 한 권이 있다는 것만 알 수 있다.

공손룡의 대표적인 학설은 『견백론(堅白論)』과 『백마비마설(白馬非馬說)』이 있다. 공손룡은 구체적인 개념들이란 서로 범주가 다르기 때문에 하나로 통합될 수 없다는 논리를 내세웠다.

■ 莫大於秋毫之末 而太山爲小
(막대어추호지말 이태산위소)

"천하에 가을 짐승의 터럭 끝보다 더 큰 것이 없으며, 태산(太山)을 작다고 할 수도 있다."

*秋毫 ; 가을철에 털갈이하면서 가늘어진 짐승의 털이란 뜻으로, 몹시 작음을 비유한다.

{"가을철에 털갈이하여 가늘어진 짐승의 털끝이라는 뜻으로, 매우 가는 것을 이르는 말"로 『추호지말(秋毫之末)』이라는 성어가 있다.}

【寓言】 천하에 가을날 짐승 털(秋毫)의 끝보다 큰 것은 없다고 하니, 태산도 털끝보다 작다(夫天下莫大於秋毫之末, 而太山爲小). 어려서 죽은 갓난아이보다 장수한 이가 없다고 하니, 팽조(彭祖)도 요절한 셈이다.

하늘과 땅도 나와 더불어 생긴 것이니, 만물도 나와 더불어 하나가 되어 있다. 이미 하나가 되어 있는데, 이 밖에 무슨 말을 하겠는가! 이미 하나로 되어 있다고 말하면서 또 무슨 말인들 못하겠는가. 이 또한 말이 아니겠는가?

하나의 말이 둘이 되고 둘과 하나가 셋이 된다. 이렇게 나아가면 셈이 뛰어난 교력{巧曆 ; 역법(曆法)과 산수(算數)에 밝은 사람} 같은 자라고 해도 다 헤아릴 수 없거늘, 일반 사람이야 어쩌겠는가! 따라서 무에서 유로 나아가는 데에도 셋이 되는데, 유에서 유로 나아가는 경우에 있어서이랴! 나아가지 않고 그대로 맡길 따름이다.

존재는 모두가 상대적인 것이다. 관점에 따라서 큰 것도 작게 볼 수 있고, 작은 것이라도 크게 볼 수가 있다.

육합지외 성인존이불론 육합지내 성인논이불의
■ 六合之外 聖人存而不論 六合之內 聖人論而不議

"성인은 육합(六合 ; 천지와 사방. 즉, 하늘·땅·동·서·남·북을 가리킴)의 존재는 인정하지만, 이들에 대해 이렇다 저렇다 논하지는 않는다. 또 우주 안의 것은 이것저것 의논은 하지만, 그것이 좋다거나 나쁘다거나 말하지 않는다."

【寓言】 六合의 밖에 대해서는(형이상) 성인은 그냥 두고 논하지 아니하고, 六合의 안에 대해서는(형이하) 성인은

논하기만 하고 (다른 사람의 견해에 대해) 시비를 따지지 않는다(六合之外 聖人存而不論 六合之內 聖人論而不議).

《춘추(春秋)》에 나타난 경세(經世 ; 세상을 다스리는 역사)와 선왕들의 기록에 대해서는, “성인은 시비를 따지기는 하되 공과를 나누어 차별하지는 않는다. 사람들은 사물을 구분하지만, 구분할 수 없는 것이 있다. 사람들은 사물을 차별하지만, 차별할 수 없는 것이 있다(聖人議而不辯 故分也者 有不分也 辯也者 有不辯也).”

■ 부대도불칭 대변불언 대인불인 대렴불겸
夫大道不稱 大辯不言 大人不仁 大廉不嗛
대용불기 도소이불도 언변이불급 인상이불성
大勇不忮 道昭而不道 言辯而不及 仁常而不成

“무릇 大道는 헤아릴 수 없고, 참된 변론은 말하지 않고, 지극한 인은 어질지 않고, 참다운 청렴은 가득 차지 않고, 진정한 용기는 해를 입히지 않는다. 도를 말로 분명하게 드러내면 도가 아니고, 말이 다툼에 쓰이면 도에 미치지 못하며, 仁이 어딘가에 고착되면 아무것도 이루지 못한다.”

【寓言】 성인은 도를 품지만, 보통 사람들은 도를 말로써 남에게 설명하고자 한다. 따라서 도에 대해 말하는 것은 아직 도를 발견하지 못했기 때문이다.

무릇 진정한 도는 말로 나타낼 수 없고, 진정한 의미는 말로써 설명할 수 없다. 참으로 어진 것은 어질지 않은 듯하며, 진정한 청렴은 드러내지 않는 것이며, 참다운 용기는 남에게 해를 끼치지 않는 것이다.

도를 분명하게 드러내면 도가 아니고, 말이 다툼에 쓰이면 진정한 말이 아니며, 仁이 어딘가에 고착되면 아무것도 이루지 못하고, 청렴해서 맑기만 하면 미덥지 못하고, 용기를 내다 보면 남을 해칠 수가 있다.

이 다섯이 원래는 둥글지만, 지나치면 모난 것이 된다. 그러므로 사람은 알 수 없는 것이 있음을 깨달아야 최고의 경지에 이를 수 있는 것이다. 하지만 누가 표현되지 않는 말과 설명되지 않은 도를 알 수 있겠는가?

만약 그런 것을 아는 이가 있다면, 이는 천부(天府)에 비할 수 있으리라. 그것은 아무리 부어도 넘치지 않고, 아무리 퍼내도 마르지 않을 것이다. 그럼에도 그 근원을 알 수가 없으니, 이런 경지를 보광(葆光 ; 감추어진 빛)이라고 한다.

모장려희 인지소미야 어견지심입 조견지고비
■ 毛嬙麗姬 人之所美也 魚見之深入 鳥見之高飛

"모장(毛嬙)과 여희(麗姬)는 사람들이 미녀라고 여기지만, 물고기가 본다면 물속으로 깊이 숨을 것이며, 새가 본다면 공중으로 날아가 버릴 것이다.”

*毛嬙麗姬 ; 모장은 월왕(越王)의 애첩이고, 여희는 진(晉)나라의 총애를 받던 후궁.

【寓言】 침어낙안(沈魚落雁) ; “부끄러워서 물고기는 물속으로 들어가고, 기러기는 땅으로 떨어진다.” 는 뜻으로, 미인을 형용하여 이르는 말이다. 그러나 장자는 이와는 달리 인간에게는 미인으로 보이는 것이라 해도 물고기와 새에게는 단지 두려운 존재일 뿐이라는 뜻으로 설결(齧缺)과 왕예(王倪)의 문답으로 비유하고 있다.

설결(齧缺)이 왕예(王倪)에게 물었다. 선생님께서는 만물이 다 옳다는 것을 아십니까?”

“내가 그것을 어찌 알겠나?”

“선생님께서는 스스로 그것을 모르신다는 사실을 아십니까?”

“내가 그것을 어찌 알겠나?”

“그러면 물(物)이란 알 수 없는 것입니까?”

“내가 어찌 그것을 알겠는가? 그러나 내가 한번 말해 보겠네. 나의 안다고 하는 것이 진정으로 모르는 것이 아닌 줄을 어떻게 알며, 나의 모른다고 하는 것이 진정으로 아는 것이 아닌 줄 어떻게 아는가?

내 그럼 자네에게 한번 물어보겠네. 사람이 습기 찬 곳에서 자면 허리를 앓아 반신불수가 되어 끝내는 죽으니, 미꾸라지도 그러한가? 나무에 올라가면 몸이 떨리며 두려우니, 원숭이도 그러한가? 이 세 가지 거처 가운데서 어느 것이 바른 거처인 줄 누가 알겠는가?

사람은 소와 돼지를 먹고 순록과 사슴은 풀을 먹으며, 지네는 뱀을 달게 먹고, 솔개나 가마우지는 쥐를 즐긴다. 이 넷 중에 어느 것이 바른 맛인 줄 누가 알겠는가? 원숭이는 편저(猵狙)로서 암놈을 삼고, 순록은 사슴과 짝하며, 미꾸라지는 물고기와 논다.

'모장(毛嬙)과 여희(驪姬)는 사람들이 아름답다고 여기지만, 물고기가 그들을 보면 깊이 숨고, 새들이 그들을 보면 높이 날며, 순록과 사슴이 그들을 보면 결사적으로 도망치니, 이 네 가지 중에 어느 것이 천하의 바른 색인 줄을 누가 아는가(毛嬙麗姬 人之所美也 魚見之深入 鳥見之高飛 麋鹿見之決驟 四者孰知天下之正色哉)?'

내가 볼 때 인의(仁義)의 단서나 시비의 갈림길이 어수선하게 뒤섞여 어지러우니, 내 어찌 그 구별을 알겠는가?"

이 이야기 가운데, "물고기가 보면 깊이 들어가고, 새가 보면 높이 난다” 고 한 말에서 『침어낙안』이 모장과 여희 같은 절세미인이란 뜻으로 쓰이게 된 모양인데, 그러나 이 말은 최고의 미인을 나타내는 뜻으로 쓰인 것이 아니다. 인간에게는 미인으로 보이는 것이라 해도 물고기와 새에게는 단지 두려운 존재일 뿐이라는 뜻으로 쓰인 것이다.

한편 이 『침어낙안』이란 말의 대구(對句)로 『폐월수화(閉月羞花)』란 말이 생겨났다. 달을 구름 속에 숨게 하고 꽃을 부끄럽게 만든다는 뜻이다.

이 세상에는 절대적인 미추(美醜)나 선악은 없는 것이다.

견 란 이 구 시 야　견 탄 이 구 효 자
■ 見卵而求時夜 見彈以求鴞炙
여 상 위 여 망 언 지　여 이 망 청 지
予嘗爲女妄言之 女以忘聽之

“달걀을 보고 새벽을 알리기를 바라고, 탄알을 보고 참새구이를 찾는 격이군. 내 별 생각 없이 그대에게 말할 터이니, 그대 또한 별 생각 없이 들어보게.”

*鴞炙 ; 새 구이, 올빼미 구이.

*嘗 ; 시험 삼아 해보다.

*妄言 ; 함부로 말하다, 허튼소리를 하다.

【寓言】 견탄구효(見彈求鴞) ; 일이 이루어지기 전에 결

과를 보려는 성격이 매우 급한 사람을 비유하는 말로, 『견란구계(見卵求鷄)』와 같은 뜻의 말이다.

구작자(瞿鵲子 ; 까치처럼 경망하고 깜짝깜짝 놀라고 뛰어다니는 사람)가 스승인 장오자(長梧子)에게, "나는 우리 선생님에게서 들으니, 성인은 세속적인 일에 종사하지 않고, 이익을 취하지 않으며, 해로움을 피하지 않고, 추구하는 것을 기뻐하지 않으며, 억지로 도(道)를 따르지 않는다. 말이 없지만 말이 있고, 말이 있지만 말이 없어서, 티끌세상의 밖에서 노닌다는 것을, 우리 선생님께서는 맹랑한 말이라고 하셨습니다. 그런데 나는 현묘한 도(道)를 행한 것이라고 생각합니다. 선생님은 어떻게 생각하십니까?"

장오자가 대답했다. "이 말은 황제가 들었다고 해도 당황했을 텐데, 자네가 어찌 그것을 알겠는가? 자네는 지나치게 서두르는 듯하군. '달걀을 보고 새벽을 알리기를 바라거나, 탄알을 보고 새 구이를 먹기 바라는 것과 같구나(見卵而求時夜 見彈以求鴞炙). 내 별 생각 없이 그대에게 말할 터이니, 그대 또한 별 생각 없이 들으시게(予嘗爲汝妄言之 汝以妄聽之).'

성인은 해와 달을 나란히 곁에 두며, 우주를 허리에 끼고서, 만물과 일체가 되기를 추구하고, 세상의 혼돈스러움이 있어도 존비귀천을 구별하지 않지. 세상 사람들은 부지런히 힘쓰는데, 성인은 어리석고 우둔한 듯 수많은 세월 동안 오로지 순수한 덕만을 이루어 왔지. 만물이 모두 그러하듯, 이러한 순수함으로써 서로를 감싸안지. 그러니 내 어찌 삶을 즐겨하는 것이 미혹됨이 아닌 것을 알겠으며, 내 어찌 죽음을 미워하고 싫어하는 것이 오랫동안 객지를 방랑하다가 집으로 돌아가는 것을 잊어버리는 것과 같은 것이 아님을 알겠는가(予惡乎知惡死之非弱喪而不知歸者也).”

여기서 『고망언지(姑妄言之)』라는 표현은, “별 생각 없이 하는 말이니, 별 생각 없이 들으라(爲汝妄言之 汝以妄聽之)” 는 표현에서 유래된 것이다.

『고망언지』에 대한 소동파(蘇東坡 ; 蘇軾)의 일화가 있다. 북송의 시인으로, 당송팔대가(唐宋八大家)의 한 사람 소동파가 예부상서의 벼슬을 지낸 뒤 담주로 좌천된 후 한가히 시를 짓거나 책을 읽기도 하며 친구들에게 이야기를 들려 달라고 하였다. 오랫동안 소동파에게 많은 이야기를 들려준 친구들은 이제 더 이상 들려줄 이야기가 없었는데, 소동파는 “고망언지(姑妄言之).” 라고 말하면서 아무 이야기라도 해달라며 간청하였다고 한다.

■ 惡死之弱喪而不知歸
(오사지약상이부지귀)

"죽음을 미워하고 싫어하는 것은 오랫동안 객지를 방랑하다가 집으로 돌아가는 것을 잊어버리는 것과 같다."

{죽음은 고향으로 돌아가는 것이다. 두려울 것도 싫어할 것도 없다. 약상(弱喪)은 젊은 나이에 타지에 나와 살다 보니 고향을 잃어버려서 돌아갈 길도 모르게 된 것을 가리키는 말이다.}

■ 夢之中又占其夢
(몽지중우점기몽)

"꿈속에서 또 그 꿈을 점친다."

【寓言】 꿈속에서 술을 마신 사람이 아침이 되면 울고, 꿈속에서 울던 사람이 아침이 되면 사냥하러 간다. 바야흐로 꿈을 꿀 때는 그것이 꿈임을 알지 못한다. 꿈속에서 다시 꿈속의 꿈을 점치다가(夢之中又占其夢焉) 깨어난 뒤에 그것이 꿈이었음을 깨닫는다. 그래서 큰 깨달음이 있은 후에야 그것이 큰 꿈이라는 것을 깨닫게 된다.

줄여서 『몽중점몽(夢中占夢)』이라고 한다.

■ 吾有待而然者也(오유대이연자야)

"나는 (내 의지에 의한 것이 아니라) 무언가에 의해 움직이고 있는지도 모른다."

이 세상의 모든 행동은 대자연의 힘의 지배를 받고 있기 때문이다. 이것은 그림자(影)와 망량(罔兩 ; 그림자 바깥쪽에 생기는 희미한 그림자)의 문답이다.

【寓言】 망량이 그림자에게 물었다. "아무리 생각해도 이상한 일이다. 지금 당신이 걸으면 나도 따라서 걷고, 당신이 앉으면 나도 앉고, 당신이 서면 나도 서게 된다. 도대체 내게는 자주(自主)의 지조는 없는 것일까?"

이 물음에 대해 그림자가 답했다. "나도 그와 똑같다오. 무엇에 지배되고 있는 것 같아. 즉 그림자를 만드는 실체가 있어 그 실체의 행주좌와(行住坐臥)에 따라서 나도 또한 행주좌와 한다오." 라고 답했다.

즉 천지간에 존재하는 모든 것은 대자연의 힘에 의해 움직이고 있다고 가르치고 있다.

*행주좌와{行住坐臥 : 걷고, 정지하고, 앉고, 눕는 4가지 동작. 이 네 동작은 인간의 일상생활에 있어서의 근본적인 기거동작이다. 이 네 동작으로 대표되는 인간의 일상

행위를 통하여, 불도(佛道)를 수행하는 사람은 모든 규칙에 어긋남이 없이 마음과 형식이 조화를 이루는 기거 행동을 해야 한다는 것이다.

■ 蛇蚹蜩翼(사부조익)

"뱀과 뱀의 배 비늘, 매미와 날개."

*蚹 ; 뱀의 배 비늘.

*蜩 ; 쓰르라미, 매미.

{뱀이 움직이는 것은 자기의 힘이라고 하고, 뱀의 배 비늘(蚹)은 배 비늘대로 자기의 힘으로 움직인다고 여긴다. 뱀도 비늘이 없으면 움직일 수가 없고, 배 비늘도 뱀이 없으면 움직일 수가 없다. 매미와 매미의 날개 역시 그와 같다. 인간 사회 역시 자신의 활동에서 움직이고 있다고 여기고 있으나, 실은 어떤 힘으로 움직이고 있는지도 모른다. 세상일은 서로 얽히고 서로 도와서 공존하는 것이다.}

■ 莊周夢爲胡蝶(장주몽위호접)

"장자(莊子)가 꿈속에서 나비가 되었다."

【寓言】 호접몽(胡蝶夢) ; 나비의 꿈이 『호접몽』이다.

인생의 덧없음을 비유해서 흔히 쓰고 있지만, 본래의 뜻은 보다 철학적인 의미를 지니고 있다. 인생관과 우주관을 동시에 말해 주는 말이다.

"어느 날, 장주(莊周)는 꿈속에서 나비가 되었다. 훨훨 날개에 맡겨 허공을 나는 즐거움, 나는 내가 나라는 것도 잊고 그 즐거움에 빠졌다. 이윽고 무심코 눈을 떴다. 나는 역시 현세에 있는 그대로의 나였다. 그러면 이 세상에 있는 내가 꿈속에서 저 나비가 된 것일까? 아니면 저 훨훨 자유롭게 날고 있던 나비가 꿈속에서 나라는 인간이 되어 있는 것일까? 내가 나비인지 나비가 나인지, 꿈이 현실인지 현실이 꿈인지……"

외람된 인간적 분별로 보면 장주(莊周)와 나비(胡蝶) 사이에는 뚜렷한 구별이 있고, 꿈과 현실도 역시 뚜렷하게 다르다. 장주는 장주이며, 나비가 장주일 수는 없다. 현실은 어디까지나 현실로서 꿈이 현실일 수는 없다. 그러나 이런 구별을 지어 그것에 구애되는 것, 그 자체가 실은 인간의 외람됨이며, 또 어리석음이기도 하다.

『도(道)』의 세계, 본체의 세계에서 내려다보면 모든 것은 생멸유전(生滅流轉), 끊임없는 변화—『물화(物化)』가운데 있으며, 그 하나하나의 것 전부가 각기 진(眞)이고 실

(實)이라고도 할 수 있다.

현재의 모습(相)에 집착함으로써 장주는 장주이고 나비는 나비라고 하지만, 실제의 세계에 있어서는 장주도 또한 나비이고 나비 또한 장주일 것이다. 현실도 꿈이고 꿈도 또한 현실일 것이다.

그리하여 이 철인(哲人)은 생각한다. 『도(道)』의 세계에 살고 있는 자로서는, 그 어느 것이나 똑같이 보고, 있는 그대로 있는 것, 깨면 장주로서 살고, 꿈을 꾸면 나비로서 춤추며 주어진 지금의 모습으로서 지금을 즐기는 것, 다시 말해 현재의 긍정, 그것이 진정한 『자유(自由)』에 산다는 의미가 아닐까 하고.

『제물(齊物)』이란 모든 사물을 한결같은 것으로 본다는 뜻으로, 일반적인 세상의 가치관을 초월하여 높은 경지에서 볼 때 모든 사물은 한결같은 것이다. 이러한 주장을 나타내고 있는 이야기의 하나가 이 『호접몽』이다. 문학과 예술 면에 널리 애용되고 있는 말이다.

2. 齊物論

南郭子綦隱機而坐, 仰天而嘘, 嗒焉似喪其耦. 顔成子遊立侍乎前, 曰:"何居乎? 形固可使如槁木, 而心固可使如死灰乎? 今之隱機者, 非昔之隱機者也?" 子綦曰:"偃, 不亦善乎, 而問之也! 今者吾喪我, 汝知之乎? 女聞人籟而未聞地籟, 女聞地籟而不聞天籟夫!"

子遊曰:"敢問其方." 子綦曰:"夫大塊噫氣, 其名爲風. 是唯無作, 作則萬竅怒呺. 而獨不聞之翏翏乎? 山林之畏佳, 大木百圍之竅穴, 似鼻, 似口, 似耳, 似枅, 似圈, 似臼, 似洼者, 似汙者. 激者, 謞者, 叱者, 吸者, 叫者, 譹者, 宎者, 咬者, 前者唱於而隨者唱喁, 泠風則小和, 飄風則大和, 厲風濟則衆竅爲虛. 而獨不見之調調之刁刁乎?"

子遊曰:"地籟則衆竅是已, 人籟則比竹是已, 敢問天籟." 子綦曰:"夫吹萬不同, 而使其自己也. 鹹其自取, 怒者其誰邪?"

大知閑閑, 小知間間. 大言炎炎, 小言詹詹. 其寐也魂交, 其覺也形開. 與接爲構, 日以心鬥. 縵者, 窖者, 密者. 小恐惴惴, 大恐縵縵. 其發若機栝, 其司是非之謂也; 其留如詛盟,其守勝之謂也；其殺如秋冬, 以言其日消也；其溺之所爲之, 不可使複之也；其厭也如緘, 以言其老洫也；近死之心, 莫使複陽也. 喜怒哀樂, 慮歎變慹, 姚佚啟態 樂出虛, 蒸成菌. 日夜相代乎前而莫知其所萌. 已乎, 已乎! 旦暮得此, 其所由以生乎!

非彼無我, 非我無所取. 是亦近矣, 而不知其所爲使. 若有真宰, 而特不得其眹. 可行己信, 而不見其形, 有情而無形. 百骸, 九竅, 六藏, 賅而存焉, 吾誰與爲親? 汝皆說之乎? 其有私焉? 如是皆有爲臣妾乎? 其臣妾不足以相治乎? 其遞相爲君臣乎? 其有真君存焉! 如求得其情與不得, 無益損乎其真. 一受其成形, 不亡以待盡. 與物相刃相靡, 其行盡如馳而莫之能止, 不亦悲乎! 終身役役而不見其成功, 苶然疲役而不知其所歸, 可不哀邪! 人謂之不死, 奚益! 其形化, 其心與之然, 可不謂大哀乎? 人之生也, 固若是芒乎? 其我獨芒, 而人亦有不芒者乎?

夫隨其成心而師之, 誰獨且無師乎? 奚必知代而自取者有之? 愚者與有焉! 未成乎心而有是非, 是今日適越而昔至也. 是以無有爲有. 無有爲有, 雖有神禹且不能知, 吾獨且奈何哉!

夫言非吹也, 言者有言. 其所言者特未定也. 果有言邪? 其未嘗有言邪? 其以爲異於鷇音, 亦有辯乎? 其無辯乎? 道惡乎隱而有真偽? 言惡乎隱而有是非? 道惡乎往而不存? 言惡乎存而不可? 道隱於小成, 言隱於榮華. 故有儒墨之是非, 以是其所非而非其所是. 欲是其所非而非其所是, 則莫若以明.

物無非彼, 物無非是. 自彼則不見, 自知則知之. 故曰 : 彼出於是, 是亦因彼. 彼是方生之說也. 雖然, 方生方死, 方死方生 ; 方可方不可, 方不可方可 ; 因是因非, 因非因是. 是以聖人不由而照之於天, 亦因是也. 是亦彼也, 彼亦是也. 彼亦一是非, 此亦一是非, 果且有彼是乎哉? 果且無彼是乎哉? 彼是莫得其偶, 謂之道樞. 樞始得其環中, 以應無窮. 是亦一無窮, 非亦一無窮也. 故曰 : 莫若以明.

以指喻指之非指, 不若以非指喻指之非指也 ; 以馬喻馬之非馬, 不若以非馬喻馬之非馬也. 天地一指也, 萬物一馬也.

可乎可, 不可乎不可. 道行之而成, 物謂之而然. 有自也而可, 有自也而不可 ; 有自也而然, 有自也而不然. 惡乎然? 然於然. 惡乎不然? 不然於不然. 物固有所然, 物固有所可. 無物不然, 無物不可. 故爲是舉莛與楹, 厲與西施, 恢詭譎怪, 道通爲一.

其分也, 成也 ; 其成也, 毀也. 凡物無成與毀, 複通爲一. 唯達者知通爲一, 爲是不用而寓諸庸. 庸也者, 用也 ; 用也者, 通也 ; 通也者, 得也 ; 適得而幾矣. 因是已. 已而不知其然,謂之道. 勞神明爲一而不知其同也, 謂之 "朝三". 何謂 "朝三"? 狙公賦芧, 曰 : "朝三而暮四." 衆狙皆怒. 曰 : "然則朝四而暮三." 衆狙皆悅. 名實未虧而喜怒爲用, 亦因是也. 是以聖人和之以是非而休乎天鈞, 是之謂兩行.

古之人, 其知有所至矣. 惡乎至? 有以爲未始有物者, 至矣, 盡矣, 不可以加矣! 其次以爲有物矣, 而未始有封也. 其次以爲有封焉, 而未始有是非也. 是非之彰也, 道之所以虧也. 道之所以虧, 愛之所以成. 果且有成與虧乎哉? 果且無成與虧乎哉? 有成與虧, 故昭氏之鼓琴也 ; 無成與虧, 故昭氏之不鼓琴也. 昭文之鼓琴也, 師曠之枝策也, 惠子之據梧也, 三子之知幾乎皆其盛者也, 故載之末年. 唯其好之也, 以異於彼, 其好之也, 欲以明之. 彼非所明而明之, 故以堅白之昧終. 而其子又以文之綸終, 終身無成. 若是而可謂成乎, 雖我亦成也 ; 若是而不可謂成乎, 物與我無成也. 是故滑疑之耀, 聖人之所圖也. 爲是不用而寓諸庸, 此之謂"以明".

今且有言於此, 不知其與是類乎? 其與是不類乎? 類與不類, 相與爲類, 則與彼無以異矣. 雖然, 請嘗言之 : 有始也者, 有未始有始也者, 有未始有夫未始有始也者 ; 有有也者, 有無也者, 有未始有無也者, 有未始有夫未始有無也者. 俄而有無矣, 而未知有無之果孰有孰無也. 今我則已有有謂矣, 而未知吾所謂之其果有謂乎? 其果無謂乎?

夫天下莫大於秋毫之末, 而太山爲小 ; 莫壽乎殤子, 而彭祖爲夭. 天地與我並生, 而萬物與我爲一. 既已爲一矣, 且得有言乎? 既已謂之一矣, 且得無言乎? 一與言爲二, 二與一爲三. 自此以往, 巧曆不能得, 而況其凡乎! 故自無適有, 以至於三, 而況自有適有乎! 無適焉, 因是已!

夫道未始有封, 言未始有常, 爲是而有畛也. 請言其畛 : 有左有右, 有倫有義, 有分有辯, 有競有爭, 此之謂八德. 六合之外, 聖人存而不論 ; 六合之內, 聖人論而不議 ; 春秋經世先王之志, 聖人議而不辯. 故分也者, 有不分也 ; 辯也者 有不辯也.

曰 : "何也?" "聖人懷之, 衆人辯之以相示也. 故曰 : 辯也者, 有不見也." 夫大道不稱, 大辯不言, 大仁不仁, 大廉不嗛, 大勇不忮. 道昭而不道, 言辯而不及, 仁常而不成, 廉清而不信, 勇忮而不成. 五者圓而幾向方矣! 故知止其所不知, 至矣. 孰知不言之辯, 不道之道? 若有能知, 此之謂天府. 注焉而不滿, 酌焉而不竭, 而不知其所由來, 此之謂葆光.

故昔者堯問於舜曰 : "我欲伐宗, 膾, 胥敖, 南面而不釋然. 其故何也?" 舜曰 : "夫三子者, 猶存乎蓬艾之間. 若不釋然何哉! 昔者十日並出, 萬物皆照, 而況德之進乎日者乎!"

齧缺問乎王倪曰："子知物之所同是乎?" 曰："吾惡乎知之!" "子知子之所不知邪?" 曰："吾惡乎知之!" "然則物無知邪?" 曰："吾惡乎知之! 雖然, 嘗試言之：庸詎知吾所謂知之非不知邪? 庸詎知吾所謂不知之非知邪? 且吾嘗試問乎女：民濕寢則腰疾偏死, 鰍然乎哉? 木處則惴栗恂懼, 猨猴然乎哉? 三者孰知正處? 民食芻豢, 麋鹿食薦, 蝍蛆甘帶, 鴟鴉耆鼠, 四者孰知正味? 猨猵狙以爲雌, 麋與鹿交, 鰍與魚遊. 毛嬙麗姬, 人之所美也；魚見之深入, 鳥見之高飛, 麋鹿見之決驟, 四者孰知天下之正色哉? 自我觀之, 仁義之端, 是非之塗, 樊然殽亂, 吾惡能知其辯!" 齧缺曰："子不利害, 則至人固不知利害乎?" 王倪曰："至人神矣! 大澤焚而不能熱, 河漢沍而不能寒, 疾雷破山, 飄風振海而不能驚. 若然者, 乘雲氣, 騎日月, 而遊乎四海之外, 死生無變於己, 而況利害之端乎!"

瞿鵲子問乎長梧子曰："吾聞諸夫子：聖人不從事於務, 不就利, 不違害, 不喜求, 不緣道, 無謂有謂, 有謂無謂, 而遊乎塵垢之外. 夫子以爲孟浪之言, 而我以爲妙道之行也. 吾子以爲奚若?"

長梧子曰："是皇帝之所聽熒也, 而丘也何足以知之! 且女亦大早計, 見卵而求時夜, 見彈而求鴞炙. 予嘗爲女妄言之, 女以妄聽之. 奚旁日月, 挾宇宙, 爲其脗合, 置其滑涽, 以隸相尊? 衆人役役, 聖人愚芚, 參萬歲而一成純. 萬物盡然, 而以是相蘊. 予惡乎知說生之非惑邪! 予惡乎知惡死之非弱喪而不知歸者邪!

麗之姬, 艾封人之子也. 晉國之始得之也, 涕泣沾襟. 及其至於王所, 與王同筐床, 食芻豢, 而後悔其泣也. 予惡乎知夫死者不悔其始之蘄生乎? 夢飮酒者, 旦而哭泣 ; 夢哭泣者, 旦而田獵. 方其夢也, 不知其夢也. 夢之中又占其夢焉, 覺而後知其夢也. 且有大覺而後知此其大夢也, 而愚者自以爲覺, 竊竊然知之. “君乎! 牧乎!” 固哉! 丘也與女皆夢也, 予謂女夢亦夢也. 是其言也, 其名爲吊詭. 萬世之後而一遇大聖知其解者, 是旦暮遇之也.

既使我與若辯矣, 若勝我, 我不若勝, 若果是也? 我果非也邪? 我勝若, 若不吾勝, 我果是也? 而果非也邪? 其或是也? 其或非也邪? 其俱是也? 其俱非也邪? 我與若不能相知也. 則人固受其黮暗, 吾誰使正之? 使同乎若者正之, 既與若同矣, 惡能正之? 使同乎我者正之, 既同乎我矣, 惡能正之? 使異乎我與若者正之, 既異乎我與若矣, 惡能正之? 使同乎我與若者正之, 既同乎我與若矣, 惡能正之? 然則我與若與人俱不能相知也, 而待彼也邪?”

“何謂和之以天倪?” 曰 : “是不是, 然不然. 是若果是也,則是之異乎不是也亦無辯；然若果然也，　則然之異乎不然也亦無辯. 化聲之相待，若其不相待. 和之以天倪，因之以曼衍，所以窮年也. 忘年忘義，振於無竟，故寓諸無竟.”

罔兩問景曰：“曩子行，今子止；曩子坐，今子起. 何其無特操與?” 景曰：“吾有待而然者也?　吾所待又有待而然者也? 吾待蛇蚹蜩翼也? 惡識所以然? 惡識所以不然?”

昔者莊周夢爲胡蝶，　栩栩然胡蝶也. 自喻適志與! 不知周也. 俄然覺，則蘧蘧然周也. 不知周之夢爲胡蝶與? 胡蝶之夢爲周與? 周與胡蝶則必有分矣. 此之謂物化.

3. 양생주(養生主)

소를 잡는 데도 도가 있다.

포정이 문혜군 앞에서 소를 잡았다. 그가 손으로 쇠뿔을 잡고 어깨에 힘을 주며 발로 밟고 무릎을 구부릴 때마다 칼질하는 소리가 슥삭슥삭 음률에 맞았다. 그 동작은 상림지무(桑林之舞) 같았고, 그 소리는 경수지회(經首之會)를 연상케 하였다.

문혜군이 말했다. "과연 훌륭하구나. 어찌하면 솜씨가 이런 경지까지 이를 수 있느냐?"

포정이 칼을 놓고 대답했다. "제가 추구하는 것은 도(道)이며, 이 솜씨는 기술에 지나지 않습니다. 제가 처음 일을 시작했을 때는 소의 겉모습만 보였습니다. 그런데 3년이 지나자 소의 온전한 모습이 보이지 않게 되었습니다.

이제는 마음으로 일할 뿐, 눈에 의지하지 않습니다. 감각기관은 멈추고 마음만이 움직이는 것입니다. 틈이 넓은 곳을 벌리고 그 속에 칼을 넣는 것은 본래의 생김새에 따르는 것입니다. 그러므로 이제는 경락(經絡)과 긍경(肯綮)이 칼의 움직임을 조금도 방해하지 않는데 하물며 뼈가 무슨 장애가 되겠습니까?

노련한 백정이 해마다 칼을 바꾸는 것은 살을 베기 때문입니다. 보통 백정이 달마다 칼을 바꾸는 것은 뼈를 건드리기 때문입니다. 저는 이 칼로 19년 동안 수천 마리의 소를 잡았는데도 아직 칼날은 마치 숫돌에 새로 막 간 듯합니다.

소의 뼈마디에는 틈이 있으나 칼날에는 두께가 없습니다. 두께가 없는 것을 틈에 밀어 넣어 여유 있게 놀리는 까닭에 19년이나 써도 칼날은 여전히 숫돌에 간 듯 예리합니다. 그러나 막상 뼈와 힘줄이 엉겨있는 곳에 다다르면 저도 늘 긴장합니다.

저는 눈을 그곳에 응시한 채 동작은 더뎌지고, 손놀림은 아주 섬세해집니다. 그러다가 살덩이가 후두둑 아래로 떨어져, 일이 끝나면 비로소 마음을 놓습니다. 그때서야 저는 칼을 든 채 일어나서 사방을 둘러보며, 머뭇거리다가 제 정신으로 돌아오면 칼을 닦아 간직합니다."

문혜군이 말했다. "훌륭하구나. 그대의 얘기를 듣고 나는 양생(養生)의 도를 알게 되었다."

*양생(養生) ; 生을 기른다는 뜻으로, 병에 걸리거나 사고로 죽지 않고, 자연으로부터 주어진 생명을 보존하여, 천수를 다하는 것. 〈양생주(養生主)〉는 '양생(養生)을 근본(主)으로 삼는 것', 또는 '養生의 道'를 말한다.

*상림지무(桑林之舞) ; 탕임금 당시 비를 바랄 때 쓴 무곡.

*경수지회(經首之會) ; 요임금 때의 무악인(舞樂人) 경수(經首)의 합주.

■ 吾生也有涯 而知也無涯
오생야유애 이지야무애

"우리의 삶은 끝이 있지만, 앎은 끝이 없다."

*有涯 ; 끊임없이 변하여 그대로 머물지 아니하는 세계, 이승을 이르는 말이다. 여기서는 끝이 있다는 말.

*無涯 ; 넓고 멀어서 끝이 없음.

【寓言】 우리의 삶은 유한하나 배움은 끝이 없다. 유한한 삶이 무한함을 추구함은 위태롭다. 그래도 앎을 추구한다면 점점 위태로울 따름이다(吾生也有涯 而知也無涯 以有涯隨無涯 殆已! 已而爲知者 殆而已矣).

■ 緣督以爲經
연독이위경

"어느 쪽에도 치우치지 않는 중간의 입장을 따라서 그것을 기준으로 삼는다."

*緣 ; …을 따르다, …을 위하여.

*督 ; 살피다, 살펴보다.

{중용의 도에 의함으로써 처세상의 상도(常道)로 삼음. 독(督)은 의복의 등솔기. 따라서 중용의 도를 상징한다. 경(經)은 상(常)과 같은 뜻.}

포 정 위 문 혜 군 해 우
■ 庖丁爲文惠君解牛

"포정이 문혜군을 위해 소를 잡다."

*庖丁 ; 백정, 요리사, 주방장.

*解牛 ; 소를 잡아 뼈와 살을 발라냄.

【寓言】 포정(庖丁)이 문혜군 앞에서 소를 잡았다. 그가 손으로 잡고 어깨에 힘을 주며 발로 밟고 무릎을 구부릴 때마다 쓱싹쓱싹 뼈 발라내는 소리, 칼로 가르는 소리가 음악의 가락에 맞았다. 그 동작은 상림지무{桑林之舞 ; 은나라 탕왕의 무악(舞樂)}에 어울리고, 그 소리는 경수지회{經首之會 ; 요(堯)임금 때의 무악인(舞樂人) 경수(經首)의 합주}를 연상케 하였다(庖丁爲文惠君解牛 手之所觸 肩之所倚 足之所履 膝之所倚 砉然嚮然 奏刀騞然 莫不中音 合於《桑林》之舞 乃中《經首》之會).

시 신 지 해 우 지 시 소 견 무 비 전 우 자
■ 始臣之解牛之時 所見無非全牛者

삼 년 지 후 미 상 견 전 우 야
三年之後 未嘗見全牛也

"제가 처음 소를 잡았을 때는 소밖에 보이지 않았지만, 삼 년이 지나자 소가 온전한 모습으로 보인 적은 없었다."

*未嘗 ; 한 번도 …하지 않았다.

【寓言】 포정해우(庖丁解牛) ; 솜씨가 뛰어난 포정(백정)이 소의 뼈와 살을 발라낸다는 뜻으로, 신기에 가까운 솜씨를 비유하거나 기술의 묘를 칭찬할 때 비유하여 이르는 말.

전국시대 때 양(梁)의 문혜군(文惠君 ; 혜왕)의 집에 포정(庖丁 ; 백정)이 있었다. 그는 소를 잡아 다루는 솜씨가 아주 능란해서 소의 몸에 왼손을 가볍게 대고, 왼쪽 어깨를 슬며시 갖다 댄다. 그 손을 대고 어깨를 대며 또 한 다리를 버티고 서 있는 품, 무릎을 굽힌 품에 이르기까지 아주 훌륭하기 짝이 없는데다가 칼을 움직이기 시작하면 뼈와 살이 멋지게 떨어져 잘려진 고깃덩이가 털썩 하고 땅에 떨어진다. 이어서 칼의 움직임에 따라 버석버석 소리를 내며 살이 벗겨진다. 모든 것이 아주 리드미컬해서, 옛날 무악(舞樂)이었던 『상림지무(桑林之舞)』나 『경수지회(經首之會)』를 연상케 할 정도였다.

그래서 문혜군도 감탄하며, "정말 굉장하구나! 재주라고는 하지만 장인이 되면 이 정도까지 된단 말인가!" 했다.

그러자 포정은 칼을 곁에 놓고 한숨을 쉬면서 말했다.

"아닙니다. 제가 바라는 것은 도(道)이지 한낱 재주가 아닙니다. 물론 제가 처음 소를 잡을 때는 소밖에 보이지 않았지만, 삼 년이 지나자 제 눈에는 소의 온전한 모습이 보인 적이 없었지요(始臣之解牛之時 所見無非全牛者 三年之後 未嘗見全牛也). 본능적인 감각을 움직여서 오관(五官 : 耳 · 目 · 口 · 鼻 · 形)의 기능이 정지되고, 정신력만 남게 되었습니다. 하면 할수록 소의 몸에 있는 자연의 이치에 따라 커다란 틈새에 칼을 넣고 커다란 구멍으로 칼을 이끌어 전혀 무리한 힘을 쏟지 않게 되는 것입니다. 그래서 이제까지 단 한 번도 칼날이 긍경(肯綮)에 닿은 적이 없었습니다(技經肯綮之未嘗). 더구나 커다란 뼈에 칼을 맞부딪친다는 것은 생각도 할 수 없는 일입니다."

『긍경(肯綮)』의 긍(肯)은 뼈에 붙은 살, 경(綮)은 심줄과 뼈가 한데 엉킨 곳, 그러니 『중긍경(中肯綮)』하면 일의 급소 요소에 닿는다는 뜻으로 쓰인다. 포정(庖丁)의 경험담은 다시 계속된다.

"솜씨가 좋은 요리사쯤 되면 어쩌다 칼을 부러뜨리는 정도니까, 일 년에 칼 한 자루면 충분하지만, 서투른 요리사는 흔히 칼날을 단단한 뼈와 부딪혀 칼을 부러뜨리므로 한 달에 한 자루의 칼이 필요하게 됩니다. 그러나 저는 이 칼을 쓰기 시작하여 19년 동안 몇 천 마리의 소를 잡았는지 기억조차 없습니다. 보시는 바와 같이 칼날은 방금 세운 것같이 번쩍이고, 이도 하나 빠지지 않았습니다. 또한 소의 뼈마디에는 본시적인 틈이 있어 칼을 그 틈에 맞추어 넣으면 무리 없이 아주 편하게 칼을 쓸 수가 있습니다. 물론 저도 심줄과 뼈가 엉킨 데 손을 댈 때는 이건 어렵겠구나 하는 생각이 들어 마음을 가다듬고 한참 들여다보다가 천천히 그리고 조심조심 칼을 움직이죠."

이 말을 듣자 문혜왕은 재삼 감탄하며 말했다.

"아아, 참으로 대단한 솜씨로다! 나는 지금 포정의 말을 듣고, 양생(養生)하는 길(道)을 깨달을 수가 있었다."

문혜왕이 깨달았다는 『양생의 길』이란 무엇인가. 이것을 써서 전한 철인(哲人) 장자는 이 이야기의 서두에 다음과 같은 것을 쓰고 있다.

"우리들 인간의 생명에는 다함(涯)이 있으나, 그 앎에 대한 욕구는 다함이 없다. 다함이 있는 몸으로써 다함이 없는 지식이나 욕망을 추구하는 것은 위험한 일이다. 이런 것을 알고 있으면서도 이에 이끌려가는 것은 더욱 더 위험하다. 그래서 선(善)을 행해도 명리(名利)에 가까이 하지 말고, 악(惡)을 행해도 형륙(刑戮)에 가까이하지 말고, 선(善)에 기울지 말고, 악에 기울지 않는 무심한 경지를 지켜, 자연 그대로를 생활의 기본원리로 삼으면 내 몸을 보존하고 천수를 다 할 수가 있다는 것이다."

인지(人知)의 오만을 버리고, 무심으로 자연에 순응하는 것이 『양생』의 근본적인 도리며, 포정의 체험담도 또한 이 자연 수순(隨順)을 시사하는 것이다.

여기서 일솜씨가 대단하다는 뜻으로, "눈앞에 온전한 소가 남아 있지 않다" 는 『목무전우(目無全牛)』 고사가 생겨났다. 또한 사물의 급소를 찌르다, 요점을 정확하게 포착한다는 『긍경(肯綮)』 이라는 성어도 나왔다.

양 포 세 갱 도
■ 良庖歲更刀

"노련한 백정은 해마다 칼을 바꾼다."

【寓言】 노련한 백정은 일 년에 한 번씩 칼을 바꾸는데, 그것은 살점만을 베어내기 때문이고, 보통의 요리사가 달마다 칼을 바꾸는 것은 칼로 뼈까지 다치기 때문이다(良庖歲更刀 割也 族庖月更刀 折也).

택 치 십 보 일 탁 백 보 일 음 불 기 축 호 번 중
■ 澤雉十步一啄 百步一飮 不蘄畜乎樊中

"못가에 사는 꿩은 열 걸음 만에 한 입 쪼아 먹으며, 백 걸음 만에 한 모금 마시지만, 새장 속에서 길러지기를 바라

지 않는다."

*澤 ; 못.

*雉 ; 꿩.

*啄 ; 부리로 쪼다, 쪼아 먹다.

*蘄 ; 바라다, 기원하여 구하다.

*樊 ; 울타리, 새장.

【寓言】 못가에 사는 꿩은 열 발 자국 가서 한 번 먹이를 쪼아 먹고, 백 보를 가서 물 한 모금 마시지만, 실컷 먹을 수 있는 새장 속에서 살기를 원치 않는다(澤雉十步一啄 百步一飮 不蘄畜乎樊中). 몸은 비록 편할 테지만, 새의 본성은 그것을 좋아하지 않기 때문이다. 새장 속에는 먹이가 충분하기 때문에 정신이 겉으로 드러나는 모습(神態)은 비록 왕성해지더라도 자유를 박탈당하고 사는 것은 새의 본성에 맞지 않기 때문에 그것을 좋아하지 않는다(神雖王 不善也).

■ 遁天之刑 (둔천지형)

"천도(天道)에서 망친, 곧 자연을 거스른 형벌."

【寓言】 노담(老聃 ; 老子)이 죽자 친구 진일(秦失)이 조문하러 가서 곡만 세 번 하고 나왔다.

제자가 물었다. “고인은 선생님의 친구가 아니신가요?”

“그렇다네.”

“그렇다면 이렇게 조문을 해도 되시겠습니까?”

“그렇다네. 처음에는 나도 그가 괜찮은 사람이라고 여겼는데, 이제 보니 그렇지가 않더군. 내가 들어가서 조문을 하며 보니, 늙은이는 마치 자기 자식을 잃은 듯이 곡을 하고, 젊은이는 제 어미를 여읜 듯이 슬퍼하더군.

그가 생전에 자기가 죽으면 조문을 하고 곡하기를 바라지 않는다고 하면서도 그렇게 하도록 만들었기 때문이지. 이는 자연의 섭리를 어기고 진실을 거스르며, 하늘로부터 받은 본분을 잊은 거라네.

옛날에는 이를 ‘둔천지형(遁天之刑)’이라고 일컬었다네. 그가 이 세상에 나온 것은 때를 만난 것이고, 그가 이 세상을 떠나게 된 것도 순리를 따르는 것이라네.

때를 알고 순리에 맡기면 슬픔도 즐거움도 끼어들지 못하지. 옛날에는 이를 일러, ‘하늘의 구속에서 풀려났다(帝之縣解)’고 하였다네.”

*縣解(현해) ; 거꾸로 매달린 것이 풀린다는 뜻으로, 생사의 고락을 초월함을 이르는 말.

■ 安時而處順 哀樂不能入也
안시이처순 애락불능입야

“때를 알고 순리에 맡기면 슬픔도 즐거움도 끼어들지 못한다.”

{죽음을 생각하면 어떻게 살아야 할지에 대한 해답을 찾을 수 있다. 장자는 자기 처가 죽었을 때 노래를 부르고 춤을 춘 사람이다.

우리가 이 세상에 태어난 것은 태어날 때가 되었기 때문이며, 우리가 죽는 것은 죽을 때가 되었기 때문이다. 자연의 순리에 따르면 슬픔이니 즐거움이 끼어들 수가 없다(安時而處順 哀樂不能入也). 그래서 옛날에는 이를 일러, ‘하늘의 구속에서 풀려났다(帝之縣解)’ 고 하였다.}

■ 指窮於爲薪 火傳也 不知其盡也
지궁어위신 화전야 부지기진야

“땔나무가 다 타버려도 불은 옮아가므로 꺼질 줄을 모른다.”

*薪 ; 땔나무.

{섶에 불을 지피면 타서 없어진다. 그러나 그 불은 다음 섶으로 옮아가서 차례로 이어 타는 것으로, 불 자체가 없어지는 것은 아니다. 이렇듯 인간의 생명도 한 사람 한 사람

그 개체는 생명을 다하여 없어지지만, 생명 그 자체는 영원히 없어지지 않는다. 대체로 인간은 한 개체에만 사로잡혀 있어 죽음을 슬퍼하는 것이다, 곧 형체는 없어지더라도 생명과 정신은 전해지는 것이다. 이렇듯 전통이 전해지는 것이 신화전(薪火傳)이다.}

3. 養生主

吾生也有涯, 而知也無涯. 以有涯隨無涯, 殆已! 已而爲知者, 殆而已矣! 爲善無近名, 爲惡無近刑, 緣督以爲經, 可以保身, 可以全生, 可以養親, 可以盡年.

庖丁爲文惠君解牛, 手之所觸, 肩之所倚, 足之所履, 膝之所倚, 砉然嚮然, 奏刀騞然, 莫不中音. 合於《桑林》之舞, 乃中《經首》之會.

文惠君曰 : "嘻, 善哉! 技盍至此乎?" 庖丁釋刀對曰 : "臣之所好者道也, 進乎技矣. 始臣之解牛之時, 所見無非全牛者 ; 三年之後, 未嘗見全牛也 ; 方今之時, 臣以神遇而不以目視, 官知止而神欲行. 依乎天理, 批大郤, 導大窾, 因其固然. 技經肯綮之未嘗, 而況大軱乎! 良庖歲更刀, 割也 ; 族庖月更刀, 折也 ; 今臣之刀十九年矣, 所解數千牛矣, 而刀刃若新發於硎. 彼節者有間而刀刃者無厚, 以無厚入有間, 恢恢乎其於遊刃必有餘地矣. 是以十九年而刀刃若新發於硎. 雖然, 每至於族, 吾見其難爲, 怵然爲戒, 視爲止, 行爲遲, 動刀甚微, 謋然已解, 如土委地. 提刀而立, 爲之而四顧, 爲之躊躇滿志, 善刀而藏之." 文惠君曰 : "善哉! 吾聞庖丁之言, 得養生焉."

公文軒見右師而驚曰:"是何人也? 惡乎介也? 天與? 其人與?" 曰:"天也, 非人也. 天之生是使獨也, 人之貌有與也. 以是知其天也, 非人也."

澤雉十步一啄, 百步一飮, 不蘄畜乎樊中. 神雖王, 不善也.

老聃死, 秦失弔之, 三號而出. 弟子曰:"非夫子之友邪?" 曰:"然." "然則弔焉若此可乎?" 曰:"然. 始也吾以爲其人也, 而今非也. 向吾入而弔焉, 有老者哭之, 如哭其子 ; 少者哭之, 如哭其母. 彼其所以會之, 必有不蘄言而言, 不蘄哭而哭者. 是遁天倍情, 忘其所受, 古者謂之遁天之刑. 適來, 夫子時也 ; 適去, 夫子順也. 安時而處順, 哀樂不能入也, 古者謂是帝之縣解."

指窮於爲薪, 火傳也, 不知其盡也.

4. 인간세(人間世)

쓸모 있는 나무는 일찍 베임을 당하지만 쓸모없는 나무는 천수를 누린다

지리소(支離疏)라는 사람은 턱이 배꼽 아래 숨어 있고, 어깨는 목보다 높으며, 상투는 하늘을 향하고, 오장(五臟)은 척추 위에 있으며, 두 넓적다리가 겨드랑이에 달린 곱사등이다.

그렇기 때문에 바느질이나 빨래를 하는 데는 안성맞춤으로, 사방에서 불러 일을 시키니, 먹고 지내는 데는 아무 걱정이 없고, 키질로 곡식을 까부는 일로 열 식구를 족히 먹여 살린다.

나라에서 군대를 징발해도 두 팔을 휘저으면서 활보하고 다닐 수 있었고, 부역에 장정들이 끌려 나갈 때도 그는 불구이기 때문에 끌려가는 일이 없었다.

그런데다 나라에서 구제가 있을 때면 쌀 석 종(鍾)에 땔나무 열 단은 착실히 받아먹는다.

이렇듯 육신이 불구인 자도 자기 몸을 보전하며, 하늘이 준 수명을 온전히 하고 있는데, 하물며 그 덕을 지리소처럼 하는 사람이야 더 말할 게 있는가!

공자가 초나라에 갔을 때, 초나라의 광접여가 공자가 머무는 집 앞을 오가며 노래를 불렀다.

"봉황이여, 봉황이여, 어찌 덕이 이토록 쇠했는가? 앞날은 기대할 수 없고, 지난날은 돌아갈 수 없는 것, 세상에 道가 있으면 성인은 뜻을 이루고, 세상에 道가 없으면 성인은 그저 삶을 보전할 뿐이구나.

지금 세상에 형벌이나 면하면 다행이지. 복은 깃털보다 가벼운데도 짊어질 사람이 없고, 화(禍)는 땅보다 무거운데 피하지 않는구나. 그만두어라, 그만두어라. 덕으로 남 앞에 나서는 일을.

위태롭구나, 위태롭구나. 땅에 금을 그어놓고 그 안에서 허둥대는 것을. 가시밭이여, 가시밭이여, 내 가는 길 막지 마라. 나는 돌아서 가리니 내 발을 상케 하지 마라."

산의 나무는 스스로 베이고, 등잔불은 스스로를 태우네. 계수나무는 먹을 수 있으니 잘려지고, 옻나무는 쓸모가 있어 껍질이 벗긴다. 사람들이 모두 쓸모 있는 것의 용도는 알면서도, 쓸모 없는 것의 용도는 알지 못하네.

*人間世 ; 사람들이 사는 세상.

*지리소(支離疏) ; 가공의 인물. 支는 肢(사지), 離는 정상이 아니라는 뜻. 疏는 이름. 사지가 지리멸렬한 사람, 곧 지체장애인을 뜻한다. 다른 편에도 나오는 '支離叔', '支離益'도 支離疏와 같은 맥락의 인물로 모두 자신의 몸을 지리(支離)하게 함으로써 생명을 온전하게 보존할 수 있음을 비유하고 있다.

■ 治國去之 亂國就之 醫門多疾

치국거지 난국취지 의문다질

"잘 다스려진 나라에서 떠나 어지러운 나라로 들어가야 한다. 의원의 집에는 병든 사람이 많은 법이다."

*就 ; 나아가다, 이루다.

*疾 ; 병, 질병(疾病).

【寓言】 안회(顔回)가 스승 공자를 뵙고 위나라로 떠나겠다는 인사를 했다.

공자가 물었다. "무엇 때문에 위나라에 가려느냐?"

안회가 대답했다. "제가 듣기로는 위나라 임금은 나이가 젊어서 혈기가 왕성하고, 그 행동이 독단적이어서 국사를 함부로 처리하면서도 자기의 잘못을 깨닫지 못합니다. 게다가 함부로 백성을 죽여 시신이 연못에 넘칠 정도로 가득하니, 마치 연못가 수풀을 불태워 시커먼 목재가 포개져 있는 것 같다 합니다. 백성은 어디로 가야 할지 의지할 데가 없다고 합니다. 전에 선생님께서, '잘 다스려진 나라(治國)에서 떠나 어지러운 나라(亂國)를 찾아가라. 의원의 집에는 병든 사람이 많은 법이다(治國去之 亂國就之 醫門多疾).' 라고 말씀하셨습니다. 선생님의 말씀을 듣고 생각해 보니 그 나라는 깊은 병이 든 것 같습니다. 선생님께 배운 그대로 실천하여 병든 위나라를 치유하고자 합니다."

■ 至人 先存諸己而後存諸人
지인 선존제기이후존제인

"지인(至人)은 먼저 자기 자신부터 도를 갖추고 난 뒤에야 이것을 다른 사람에게 갖추게 했다."

*至人 ; 노장학(老莊學)에서 도덕이 극치에 이른 사람. 덕이 높은 사람. 진인(眞人).

【寓言】 위 항에 이어, 공자가 안회에게 말한다. "아! 너는 아마도 가면 화를 당할 것이다! 도(道)는 어지럽게 뒤섞이는 것을 바라지 않는다. 잡되면 복잡해진다. 복잡하면 어지러워지고, 어지러우면 동요하게 된다. 동요하면 근심하게 되고, 근심하면 백성을 구제할 수 없다.

지인(至人)은 먼저 자기 자신부터 도를 갖추고 난 뒤에야 이것을 다른 사람에게 갖추게 했다(古之至人 先存諸己而後存諸人). 자신이 도를 이루지 못하고서 어찌 포악한 사람의 소행을 바로잡는 데 이를 수 있겠느냐!

너는 또한 덕이 어떻게 허물어지고 지식이 무엇을 불러오는지 알고 있느냐? '도덕은 명성을 추구하는 데서 망가지고, 지식은 시비를 다투는 데서 드러난다(德蕩乎名 知出乎

爭).' 명성은 서로 간에 알력이 생기는 원인이고, 지식은 서로 싸우는 데 쓰는 수단이다. 이 두 가지는 다 흉기와 같으므로 그것이 세상에 널리 보급되어서는 안 된다."

내가 아직 이루지 못한 것을 다른 사람에게 바랄 수가 없기 때문이다. 남에게 충의(忠義)를 바란다면 먼저 자기 자신이 그 충의를 행한 후에 해야 하고, 남에게 친절을 원한다면 자기가 먼저 친절해야 한다.

덕탕호명 지출호쟁
■ 德蕩乎名 知出乎爭

"도덕은 명성을 추구하는 데서 망가지고, 지식은 시비를 다투는 데서 드러난다."

*蕩 ; 방탕하다, 방종하다.

【寓言】 명성은 서로 간에 알력이 생기는 원인이고, 지식은 서로 싸우는 데 쓰는 수단이다. 이 두 가지는 다 흉기와 같으므로 그것이 세상에 널리 보급되어서는 안 된다(名也者 相軋也 知也者 爭之器也 二者凶器 非所以盡行也).

인의승묵지언
■ 仁義繩墨之言

"인의의 말과 도덕규범에 맞는 말."

*繩墨(승묵) ; 먹줄, 먹통에 딸린 실줄. 법도나 규범.

재인자 인필반재지
■ 災人者 人必反災之

"남의 재앙을 부르는 자는 반드시 자신도 재앙을 당하게 된다.

【寓言】 계속해서 공자가 안회에게 말했다. "또 네가 덕이 두텁고 신의가 단단하지만, 아직 상대를 살피는 데는 달하지 못했으며, 명예를 다투지는 않지만, 아직 다른 사람의 심정을 꿰뚫지 못하고 있으니 억지로 인의(仁義)의 말과, 법도에 맞는 말(仁義繩墨之言)로 폭군 앞에서 설교한다면, 이것은 남의 악을 이용해서 자신의 아름다움을 뽐내는 것이니, 이런 사람을 일컬어 재앙을 부르는 사람이라고 한다. '남의 재앙을 부르는 자는 반드시 자신도 재앙을 당하게 된다(災人者 人必反災之).' 너는 아무래도 남에게 재앙을 당할 것이다!"

형식뿐인 도덕론, 그것은 오히려 역효과만 생기게 된다. 목수는 이 먹줄과 먹통으로 자기의 목적에 맞게 일을 한다.

이화구화 이수구수 명지왈익다
■ 以火救火 以水救水 名之曰益多

"불로써 불을 끄고, 물로써 물을 막는 것과 같은 일이니,

이를 일러 익다(益多)라 한다."

*益多 ; 많아서 넘침.

【寓言】 이화구화(以火救火) ; 불로써 불을 구한다는 뜻으로, 폐해를 구해 준다는 것이 오히려 폐해를 조장하는 셈이 되는 경우나 역효과를 불러오는 경우를 비유하는 말이다.

안회가 정치적 이상을 실현하기 위하여 위(衛)나라로 가겠다고 하자, 공자가 무얼 하려고 가려는지 물었다.

안회가 대답했다. "제가 들으니 위나라 임금은 젊은 나이에 독단적인 정치를 하면서도 잘못을 깨닫지 못한다고 합니다. 백성들도 함부로 부려 죽는 이가 나라에 가득하며, 들이나 늪은 불을 놓은 듯 타버려 백성들이 그 갈 바를 모른다고 합니다. ……제가 이제 선생님께 들은 방법을 생각하면, 혹 위나라의 병이 낫지 않을까 생각합니다."

공자가 말했다. "만약에 어진 사람을 좋아하고 불초한 자를 싫어하는 군주라면 어찌 너를 등용하여 특이한 일을 해주기를 바라겠느냐? 네가 따지지 않으면 그만이지만, 따진다면 군주는 반드시 권세로 너를 누르고 너의 논리를 물리칠 것이다. 그러면 너는 눈앞이 캄캄해질 것이고, 얼굴빛이 새파래질 것이며, 입은 자신을 변명하기에 바빠지고, 태도가 비굴해질 것이며, 마음도 이를 따르게 되고 말 것이다. 이것은 '불로써 불을 끄고, 물로써 물을 막는 것과 같으니, 이것을 익다(益多)라 한다(是以火救火 以水救水 名之曰益多).'

너는 처음부터 그의 독선을 따르게 되어 끝없이 계속될 것이다. 너의 독실한 말은 받아들여지지 않을 것이고, 결국 포악한 사람에게 죽게 될 것이 틀림없다. 옛날에도 걸(桀王)은 관룡봉(關龍逢)을 죽였고, 주(紂王)는 왕자 비간(比幹)을 죽였다. 이들은 모두 자신을 수양하고 백성들을 위하였지만, 신하로서 군주의 뜻을 어긴 사람들이었다. 그래서 군주가 그들을 제거해버린 것이다. 이들이 바로 명예를 좋아한 사람들이다."

『포신구화(抱薪救火)』와 비슷한 뜻이다.

■ 名實者 聖人之所不能勝也
(명실자 성인지소불능승야)

"명예나 실리(實利)는 성인이라도 이기기 어렵다."

【寓言】 공자가 제자 안회에게 이르기를, "옛날 요임금은 총지(叢枝)·서(胥)·오(敖)를 공격하였으며, 우임금은 유호(有扈)를 공격해서, 이들 나라는 폐허가 되어버리고, 군주 자신은 형벌로 처형을 당했으니, 이는 그들이 전쟁을 그치지 않고 끝없이 실리를 탐하였기 때문이다. 이들 네 나라

는 모두 명예와 실리를 구하다가 멸망한 예인데, 너만 유독 그것을 듣지 못했느냐? '명예나 실리(實利)는 성인이라도 이기기 어려운데(名實者, 聖人之所不能勝也)' 하물며 너(안회)에게 있어서이랴?"

■ 內直而外曲(내직이외곡)

"마음은 곧게 지니고, 외모는 부드럽게 가져라."

마음속은 도리에 따라서 바르고 곧게 굽히지 않으나, 바깥 면은 세상에 맞게 온유하고 공손한 태도로 대한다.

【寓言】 내직외곡(內直外曲) ; "마음을 곧게 하고 겉모습은 부드럽게 한다."

안회(顔回)가 위(衛)나라로 떠나기 전 공자를 뵙고 하직 인사를 드리니, 공자가 무얼 하려고 가려는지 물었다.

안회가 대답했다. "제가 들으니 위나라 임금은 젊은 나이에 독단적인 정치를 하면서도 잘못을 깨닫지 못한다고 합니다. 백성들도 함부로 부려 죽는 이가 나라에 가득하며, 들이나 늪은 불을 놓은 듯 타버려 백성들이 그 갈 바를 모른다고 합니다. ……제가 이제 선생님께 들은 방법을 생각하면, 혹 위나라의 병이 낫지 않을까 생각합니다."

공자는 안회를 말리며 말했다. "네가 가서 욕만 볼 뿐이다. 무릇 도란 섞이는 것을 꺼린다. 섞이면 많고, 많으면 어지럽고 어지러우면 걱정이 생기는 것이니, 걱정이 생기는 데 이르면 다시는 구할 수 없게 된다. 옛날의 지극한 성인들은 먼저 자신의 준비가 된 뒤에야 남의 일을 생각했다. 자신의 준비가 충분치 못하고야 어느 겨를에 저 사나운 사람의 일에 간섭할 수 있겠느냐? ……하지만 네가 떠나려 함에는 반드시 어떻게 하겠다는 생각이 있을 터인데, 한번 얘기해 보아라."

안회가 대답했다.

"몸을 단정히 하고 마음은 겸허하게 하며 항상 일에 부지런하고 덕을 한결같도록 하면 되겠습니까(端而虛 勉而一 則可乎)?"

"아니다. 위왕은 원래 강하게 타고난 기운으로 얼굴빛도 일정하지 않아 보통사람으로는 감히 그 뜻을 거스르지 못한다고 한다. 그래서 남을 억누르고 복종하기를 요구하기에 힘쓸 것이니, 이런 이를 일러 작은 덕으로 감화시켜도 이룸이 없다고 하는데, 하물며 큰 덕으로는 어림도 없을 것이다."

"그럼 저는 마음을 곧게 하고 겉모습을 부드럽게 하며, 말을 내세우더라도 옛 법도를 빗대어 하겠습니다(然則我內

直而外曲 成而上比)."

"오, 지극하구나! 네가 위나라에 가거든 마음을 지극한 곳에 노닐게 하여 명예 따위에 마음이 흔들리지 않도록 해라. 네 말이 받아들여지면 말을 하고, 받아들여지지 않으면 말하지 마라."

제사지재 비심재
■ 祭祀之齋 非心齋

"제사 지낼 때의 재계(齋戒)이지 마음을 재계하는 것이 아니다."

*心齋 ; 정신을 청정(淸靜)하게 가다듬는 것을 말하는 것으로 《장자》에 있어서 도를 깨닫는 하나의 방법을 이른다.

{형식적인 제사는 조상을 모시는 것이 아니다. 진정한 마음에서 우러나는 제사라야만 한다.}

무청지이이이청지이심 무청지이심이청지이기
■ 無聽之以耳而聽之以心 無聽之以心而聽之以氣

"귀로 듣지 말고 마음으로 들어라. 마음으로 듣지 말고 기(氣)로 들어야 한다."

【寓言】 안회가 물었다. "심재(心齋 ; 마음의 재계)가 무

엇입니까(敢問心齋)?"

공자가 말했다. "너의 뜻을 순일(純一)하게 하여 귀로 듣지 말고 마음으로 들어야 한다. 그 다음은 마음으로 듣지 말고 기(氣)로써 들어야 한다. 귀란 듣기만 할 뿐이며, 마음이란 느낌을 받아들일 뿐이지만, 기(氣)란 텅 빈 채로 사물에 응대하는 것이다. 도(道)란 텅 빈 곳에 모이기 마련이다. 텅 비게 하는 것이 마음의 재계이다(若一志 無聽之以耳而聽之以心 無聽之以心而聽之以氣 聽止於耳 心止於符 氣也者 虛而待物者也 唯道集虛 虛者 心齋也)."

절적이 무행지난 위인사이이위 위천사난이위
■ 絶跡易 無行地難 爲人使易以僞 爲天使難以僞

"자취를 끊는 것은 쉬워도, 세속에 살면서 흔적을 남기지 않기란 쉽지 않다. 사람에게 부림을 받을 때는 거짓으로 속이기 쉽지만, 하늘이 시키는 바를 속이기는 어렵다."

허실생백 길상지지
■ 虛室生白 吉祥止止

"빈 방 안에는 하얀 기운이 있어서 거기에는 반드시 좋은 징조가 절로 깃든다."

*止止 ; 능히 멈춰야 할 곳을 알아 멈추는 것.

위 항에 이어 안회가 공자에게 다시 묻는다.

【寓言】 허실생백(虛室生白) ; 방을 비우면 빛이 그 틈새로 들어와 환하다는 뜻으로, 무념무상(無念無想)의 경지에 이르면 저절로 진리에 도달할 수 있음을 비유하여 이르는 말이다.

공자와 제자 안회(顔回)의 문답 가운데 재계(齋戒)하는 도리를 말하는 과정에서 나온 말이다. 그 내용 일부는 다음과 같다. 재계는 몸과 마음을 깨끗이 하고, 부정한 일을 멀리하는 것을 말한다.

안회가 물었다. "마음의 재계란 어떤 것입니까?"

중니(仲尼)가 대답했다. "먼저 뜻을 한데 모아 잡념을 없애라. 그리하여 귀로 듣지 말고 마음으로 들으며, 또 마음으로 듣지 말고 기(氣 : 기운)로 들어라(無聽之以耳而聽之以心 無聽之以心而聽之以氣). 무릇 들음은 귀에서 그치고 마음은 뜻이 서로 합하는 데 그치지만, 기는 공허해서 무엇이나 다 그대로 받아들인다. 그러므로 도는 오직 공허 속에 모이며, 이 공허가 곧 마음의 재계이니라."

"제가 아직 가르침을 받기 전에는 스스로 나인 줄 알았는데, 이제 가르침을 받자 그만 제가 없어졌습니다. 이것을 비웠다고 할 수 있습니까?"

"그래, 지극하구나! 그럼 너에게 일러주마. 너는 그 나라의 울타리 안에 들어가 소요하되 명예 같은 것에 흔들리지 않도록 해라. 네 주장이 받아들여지면 말을 하고, 받아들여지지 않거든 그만두어라. 문을 두지도 말고 벽을 세우지도 말 것이며, 거처를 일정하게 하여 부득이한 경우에만 응한다면 무탈할 것이다.

'세속의 자취를 끊는 것은 쉬워도, 세속에 살면서 흔적을 남기지 않기란 쉽지 않다. 사람에게 부림을 받을 때는 거짓으로 속이기 쉽지만, 하늘이 시키는 바를 속이기는 어렵다(絕跡易 無行地難 爲人使易以僞 爲天使難以僞).'

날개가 있음으로 해서 날았다는 말은 들었어도 날개가 없이 날았다는 이야기는 듣지 못했을 것이다. 지혜가 있어 사물 이치를 안다는 말은 들었어도 지혜가 없음에도 안다는 이야기는 듣지 못했다. '저 구멍이 뚫린 빈 방 안에는 하얀 기운이 있어서 거기에는 반드시 좋은 징조가 절로 깃들지만(瞻彼闋者 虛室生白 吉祥止止)' 만일 사람의 마음이 그칠 곳에 그치지 못하면 이를 일러 겉은 조용한 듯해도 속이 분주하다고 하는 것이다. 무릇 귀와 눈의 작용을 안으로 받아들여 마음의 집착을 벗어날 수 있다면 그에게는 신도 의지하려 하겠거늘, 하물며 사람에 있어서이랴!"

방을 비우면 빛이 그 틈새로 들어와 환해져 좋은 징조가 깃든다. 마음을 비우고 무념무상(無念無想)의 경지에 이르면 저절로 진리에 도달할 수 있음을 비유해 이르는 말이다.

조수명이석음빙 아기내열여

■ 朝受命而夕飮氷 我其內熱與

“아침에 어명을 받고 저녁에는 얼음물을 마시니, 저는 아무래도 몸속에 열이 있는 것 같습니다!”

아침에 명령을 받고 나서 걱정이 되어 저녁에 얼음을 마심. 몸속에 열이 생겼다는 징후를 이렇게 말한 것이다.

【寓言】 섭공(葉公) 자고(子高 ; 이름 심제량)가 제(齊)나라에 사신으로 가게 되자, 중니에게 물었다.

“임금이 저를 사신으로 보내는 것은 일이 매우 중대하기 때문입니다. 그런데 제나라는 사신을 정중하게 대하겠지만, 교섭을 서두르지는 않을 것입니다. 필부의 마음도 쉽게 움직이기 어려운데 큰 나라의 제후에 있어서는 어떻겠습니까! 저는 이것이 매우 걱정됩니다. 선생님께서는 일찍이 저에게 말씀하셨습니다.

‘무릇 일에는 크고 작음에 상관없이 도에 벗어나서는 만족스러운 경우는 드물다. 일이 성취되지 못하면 벌을 피할 수 없고, 일을 성취한다 해도 필시 음양의 부조화로 인한 병에 걸릴 것이다. 일의 성패와 관계없이 우환이 없는 것은 오직 덕뿐이다.'

저는 평소 거친 음식을 먹고 질박한 생활을 하여 밥을 지을 때는 시원하기를 바라는 사람이 없을 정도로 불을 많이 사용하지 않았는데, '지금 제가 아침에 명령을 받고 나서 저녁에 얼음을 마셔대니 저는 아무래도 몸속에 열이 있는 것 같습니다(今吾朝受命而夕飮冰 我其內熱與)!' 저는 아직 일에 착수하기도 전에 이미 음양의 부조화로 인한 병에 걸렸습니다. 만일 임무를 완수하지 못하면 왕은 처벌을 내릴 것입니다. 이것은 두 가지 근심이 함께 닥쳐온 셈입니다. 신하된 사람으로서 감히 임무를 감당하지 못해서 생기는 것입니다. 부디 선생님께서 저에게 가르침을 내려 주시기 바랍니다."

양희필다일미지언 양노필다일악지언
■ 兩喜必多溢美之言 兩怒必多溢惡之言

"두 나라의 군주를 모두 기쁘게 하려면 반드시 칭찬의 말을 지나치게 하기 마련이고, 두 나라의 군주를 모두 성내게 하려면 반드시 비난하는 말을 지나치게 하기 마련이다."

*溢 ; 넘치다, 표출하다, 지나치다.

【寓言】 내(공자)가 들은 바를 일러주고자 한다. "나라와 나라 사이의 교제란 서로 거리가 가까우면 믿음을 보여주며 서로 친근해질 수 있다. 그러나 서로 거리가 멀면 반드시 말로써 진실한 관계를 맺어야 한다. 말은 반드시 누군가가 전할 사람이 있어야 한다. 두 나라 군주가 다 같이 기뻐하고 다 같이 노여워하는 말을 전하는 일이란 천하에서 가장 어려운 일이다. '두 나라 군주 모두를 기쁘게 해주려면 반드시 칭찬의 말을 지나치게 하기 마련이고, 또 둘 사이를 떼어 놓으려면 반드시 두 사람의 비난하는 말을 지나치게 하기 마련이다(夫兩喜必多溢美之言 兩怒必多溢惡之言).'

대체로 넘치거나 보태는 말은 진실성이 없으니 사실과는 먼 거짓이다. 거짓을 말하는 신하는 믿음을 잃게 된다. 믿음을 잃으면 지나친 말을 전하는 사신은 벌을 받게 된다. 그래서 법언에도 '있는 그대로를 전하고 과장된 말을 전하지 않으면 우선 안전하다(傳其常情 無傳其溢言 則幾乎全).' " 고 했다.

기 작 시 야 간 기 장 필 야 필 거

■ 其作始也簡 其將畢也必巨

"시작할 때에는 단순했던 일이 마칠 때는 반드시 큰 일이 되고 만다."

*簡 ; 간단하다, 대쪽, 편지.

*畢 ; 완성하다, 끝내다, 마치다, 완결하다.

언자 풍파야 행자 실상야
■ 言者 風波也 行者 實喪也

"말이란 풍파와 같고, 행위에는 득실이 있다."

*實喪 ; 과실이 한 번 나무에서 떨어지면 다시 돌이킬 수 없다는 뜻.

{물이 바람으로 인해 파도가 일어나는 것을, 마음이 말로 인해 기뻐하기도 하고 노여워하기도 함에 비유한 것이고, 행동에는 결과에 따른 득과 실이 있다는 뜻이다.}

【寓言】 위 항에 이어 공자가 섭공 자고에게 하는 말이다.

"또한 교묘한 재주로 승부를 겨룰 때는 처음에는 당당히 맞서지만, 항상 끝에 가서는 음모를 꾸며 기이한 간계가 많아진다. 예를 갖추어 술을 마시기 시작하지만, 종국에 가서는 늘 어지러워지고 결국 쾌락을 추구하게 된다. 모든 일이 이와 같아서 진실에서 시작하여 언제나 비루하게 끝난다. '시작할 때는 단순했던 일이 마지막에 이르면 큰 일이 되고 만다(其作始也簡 其將畢也必巨).'

'말이란 풍파와 같고, 행위는 득실이 있다(言者 風波也 行者 實喪也).' 풍파는 요동치기 쉽고, 득실은 위태롭기 십상이다. 화가 나는 것은 교묘한 언사와 치우친 말 때문이다. 짐승도 죽을 때면 울부짖고 호흡은 거칠어져 성질은 사나워진다. 사람도 심하게 다그치면 상대도 사납게 대응하는데, 왜 그렇게 되는지 자신은 깨닫지 못한다. 그 이유도 알지 못하는데, 어떻게 그 결과를 헤아릴 수 있겠느냐!"

미성재구 악성불급개

■ 美成在久 惡成不及改

"일이 잘 이루어지려면 오랜 시일이 걸리고, 일이 한번 잘못되면 쉽사리 고칠 수 없다."

【寓言】 미성재구(美成在久) ; 아름다움은 오래되어야 이루어진다는 뜻으로, 훌륭한 성과를 이루려면 오랜 시간이 필요함을 이르는 말이다.

원만한 성공은 오랜 시간이 걸린다. 성과가 나쁘면 고칠 여유도 없다. 그러니 신중히 하지 않을 수 있겠는가?

위 항에 이어, 초(楚)나라의 섭공 자고가 제(齊)나라에 사신으로 가게 되어 공자에게 사신으로서 해야 할 일을 물었고, 이에 공자가 대답하는 과정에서 나온 말이다.

"……말이란 풍파와 같고, 행위에는 득실이 있다(言者風波也 行者 實喪也). …… 속담에 이르기를, '왕의 명령을 고치지도 말고 무리하게 명령을 수행하지도 말라.' 고 했듯이, 지나친 것은 불필요함을 덧붙이는 격이다. 왕의 명령을 바꾸거나 무리한 임무를 수행하는 것은 위험을 자초하는 것이다. '일이 잘 이루어지려면 오랜 시일이 걸리고, 일이 한 번 잘못되면 쉽사리 고칠 수 없으니(美成在久 惡成不及改)' 어떻게 삼가지 않을 수 있겠느냐! 그저 사물의 움직임에 마음을 싣고, 어쩔 수 없는 자연의 흐름에 따라 중도를 지키는 것이 가장 바람직하다. 어찌 꾸며서 왕에게 보고하겠느냐! 명령대로 전하는 것보다 좋은 방법이 없으니, 이것이 뭐 그리 어려운 일이겠느냐?"

피차위영아 역여지위영아

■ 彼且爲嬰兒 亦與之爲嬰兒

"상대가 어린아이처럼 어리고 유치한 행동을 한다면 가르치는 쪽도 역시 어리고 유치한 태도로 대해야 한다."

*嬰兒 ; 젖먹이.

【寓言】 안합(顔闔)이 위령공(衛靈公)의 태자의 스승이 되었을 때, 거백옥(蘧伯玉)에게 물었다.

"여기에 어떤 사람이 있는데, 그 덕이 나면서부터 잔인합니다. 만일 내가 그와 함께 무도한 짓을 저지른다면 나라를 위태롭게 할 것이고, 그와 더불어 법도에 맞는 일을 한다면 제 몸을 위태롭게 할 것입니다. 그 사람의 지혜는 다만 다른 사람의 과실을 아는 데 충분할 뿐이고, 자신의 과실을 알지는 못하니, 제가 그 같은 사람을 어찌하면 좋겠습니까?"

거백옥이 말했다. "좋은 질문이오. 경계하고 삼가서 네 몸을 바르게 해야 할 것이오. 겉모습은 그를 따르는 것보다 좋은 방법이 없고, 마음은 그와 화합하면서 그를 감화시키는 것보다 좋은 방법이 없습니다. 비록 그러하나 이 두 가지 입장을 취한다 하더라도 조심해야 할 것이 있을 것이니, 따르면서도 그에게 굴복치 말아야 하고, 화합하더라도 남에게 드러나지 말아야 합니다.

겉으로 따르다가 빠져들게 되면 자신이 전도될 것이고, 마음으로 화합하려다가 그를 감화하려는 속마음이 겉으로 드러나면 평판이 널리 알려져 재앙을 초래할 것입니다. '그가 어린아이처럼 행동하면 그대도 그와 함께 어린아이처럼 행동하고(彼且爲嬰兒 亦與之爲嬰兒),' 그가 철없이 행동하면(無町畦) 그대도 그와 함께 똑같이 행동하고, 그가 터무니없는 행동을 하면 그대도 그와 함께 똑같은 행동을 해야 할 것이니,

이런 식의 행동에 통달하게 되면 허물없는 관계로 들어가게 될 것이오.”

여 부 지 부 당 랑 호 노 기 비 이 당 거 철
■ 汝不知夫螳螂乎 怒其臂以當車轍

부 지 기 불 승 임 야 시 기 재 지 미 자 야
不知其不勝任也 是其才之美者也

“당신은 사마귀란 놈을 모르십니까? 그놈은 화가 나면 앞발을 높이 들고 수레바퀴에 맞서려 합니다. 그것은 자기가 감당할 수 없음을 모르고 자기 재주만 믿기 때문입니다.”

*螳螂 ; 사마귀, 버마재비, 오줌싸개.

*車轍 ; 수레바퀴 자국.

【寓言】 당랑거철(螳螂拒轍) ; “사마귀가 수레바퀴를 막는다.” 는 뜻으로, 자신의 힘은 헤아리지 않고 강자에게 함부로 덤빈다는 말이다.

위 항에 이어 거백옥이 계속해서 말했다.

“당신은 사마귀란 놈을 모르십니까? 그놈은 화가 나면 앞발을 높이 들고 수레바퀴에 맞서려 합니다. 그것은 자기가 감당할 수 없음을 모르고 자기 재주만 믿기 때문입니다(汝不知夫螳螂乎 怒其臂以當車轍 不知其不勝任也 是其才之美者也). 이를 경계하고 삼가야 합니다. 자신의 빼어남을 내

세워 그를 거스르면 위태로워집니다.

당신은 호랑이 기르는 사람을 아십니까? 그는 호랑이에게 결코 산 짐승을 주지 않습니다. 산 짐승을 죽일 때 호랑이는 사나워지기 때문입니다. 또한 먹이를 통째로 주지 않는 것은 먹이를 찢어발기다 보면 또한 사나워지기 때문입니다. 호랑이가 배가 고픈지 부른지 때를 잘 맞추어 그의 사나운 기운을 달래야 합니다. 호랑이와 인간은 다름에도 불구하고 호랑이가 사육사에게 순종하는 것은 사육사가 호랑이의 본성을 거스르지 않았기 때문입니다. 그러므로 사육사가 호랑이에게 물려 죽는 경우는 그의 본성대로 기르지 않은 탓입니다."

■ 時其饑飽 達其怒心 (시기기포 달기노심)

"배고프고 배부른 때를 잘 맞추어서 다스려야 한다."

*饑飽 ; 배고픔과 배부름.

*達 ; 사물의 이치나 지식, 기술 따위를 훤히 알거나 아주 능란하게 하다.

{맹수를 조련하는 요령은 그 맹수가 배고파할 때에 적당히 먹이를 주고 배불러 있을 때에는 주지 않는다. 사람과 사

람 사이에도 이처럼 상대가 필요로 할 때를 잘 보아서 적당하게 여기에 대응한다. 이것이 사람을 다스리는 방법이다.}

의유소지이애유소망 가불신야
■ 意有所至而愛有所亡 可不愼也

"사랑하는 마음이 지극함에도 불구하고 사랑을 잃는 수가 있다. 어찌 신중하지 않을 수 있겠는가?"

【寓言】 위 항에 이어 거백옥이 계속 말을 이어간다. "무릇 말(馬)을 사랑하는 사람은, 네모난 대광주리에 말똥을 담고, 대합조개에 그 오줌을 받습니다. 그렇다고 모기나 등에가 말 등에 붙었을 때 득달같이 말 등을 때리면 재갈을 물어뜯고 주인의 머리를 들이받거나 가슴을 걷어찰 것입니다. 사랑하는 마음이 지극함에도 불구하고 사랑을 잃는 수가 있습니다. 어찌 신중하지 않을 수 있겠습니까?(夫愛馬者 以筐盛矢 以蜃盛溺 適有蚊虻仆緣 而拊之不時 則缺銜毁首碎胸 意有所至而愛有所亡 可不愼也)?"

이기능고기생
■ 以其能苦其生

"그 능력 때문에 괴로운 삶을 산다."

【寓言】 도목수(都木手) 석(石)이 제(齊)나라 곡원(曲轅)

에 이르러 사당(社)에 심어진 상수리나무를 보았다. 그 크기는 수천 마리의 소를 그늘로 가릴 수 있고, 둘레는 백 아름이나 되며, 높이는 산을 굽어볼 정도로 열 길 위에 가지가 뻗어 있었으며, 배를 수십 척 만들 수 있을 정도이니, 나무를 구경하는 사람들이 저잣거리 같았다. 그런데 도목수 석은 그 나무를 돌아보지도 않고 지나쳐 갔다.

석의 제자는 실컷 그 나무를 구경하고서 석에게 황급히 달려가 말했다. "제가 도끼를 들고 선생님을 따라다닌 이래로 재목이 이토록 아름다운 나무는 아직 보지 못했습니다. 그런데도 선생님께서는 거들떠보지도 않으시고 지나쳐 버리시는 것은 무슨 까닭입니까?"

도목수가 말했다. "그만둬라. 그 나무에 대해 말하지 말라! 쓸모없는 잡목(散木)이다. 배를 만들면 가라앉고, 관(棺)을 만들면 빨리 썩고, 그릇을 만들면 쉽게 부서지고, 문짝을 만들면 나무 진액이 흘러나오고, 기둥을 세우면 좀이 스니 이 나무는 쓸모가 없다. 쓸모가 없어 장수를 누릴 수 있었던 것이다."

목수 석(石)이 돌아왔는데, 사(社)의 상수리나무가 꿈속에 나타나 말했다. "그대는 무엇에다 나를 비하려 하는가? 그대는 나를 문목(文木)에 비하려 하는가? 아가위, 배, 귤,

유자 따위는 열매가 익으면 잡아 뜯기고, 욕을 당해 큰 가지는 꺾이고 작은 가지는 찢겨진다. 이것은 그 '잘난 능력으로 괴로운 삶을 사는 것이다(以其能苦其生者也).' 그러므로 천수(天壽)를 누리지 못하고 요절(夭折)하는 것은 세속에 시달리기 때문이다. 세상 일이 이와 같지 않음이 없다.

유능한 것은 물론 좋은 것이다. 그러나 그 능력이 오히려 삶에 괴로움을 초래할 수도 있다. 쓸모 있는 나무는 벌채되고, 쓸모없는 나무는 자연대로 천수를 다한다. 능력이 없는 것은 세상에서 요구하는 바도 없기 때문에 무사안일하게 일생을 마칠 수 있는 것이다.

■ 神人以此不材(신인이차부재)

"신인도 이 나무처럼 재목이 아니다."

【寓言】 남백자기(南伯子綦)가 상구(商丘)에서 노닐 때 커다란 나무를 보았는데, 보통 나무와는 다른 점이 있었다. 그 나무는 말 네 필을 묶은 수레 천 대(結駟千乘)를 그 그늘에 덮어서 가릴 수 있을 정도였다.

남백자기가 말했다. "이것은 무슨 나무인가? 이것은 반드시 특별한 쓸모가 있을 것이다."

남백자기가 위로 가지를 살펴보았더니 구불구불해서 대들보로 쓸 수 없었고, 아래로 커다란 뿌리를 살펴보았더니 가운데가 갈라져서 관을 만들 수도 없었고, 잎사귀를 혓바닥으로 핥아봤더니 불에 덴 것처럼 상처가 나며, 코를 가까이 대 보았더니 그 냄새가 너무나 고약해서 사흘이 지나도록 정신이 흐릿하였다.

남백자기가 말했다. "이 나무는 과연 쓸모없는 나무로구나. 그래서 이렇듯 크게 자랐구나. 아! 신인들도 이렇듯 쓸모없음으로써 (자신의 생명을 보존)했을 것이다(此果不材之木也 以至於此其大也 嗟乎 神人以此不材)."

신인(神人)이라는 말을 듣는 사람은 그 재능을 나타내지 않는다. 무용(無用)이 대용(大用), 즉 쓸모없는 물건이 되었을 때 비로소 그 생명을 다할 수 있다는 것을 알고 있기 때문이다.

봉혜봉혜 하여덕지쇠야 내세불가대 왕세불가추야
■ 鳳兮鳳兮 何如德之衰也 來世不可待 往世不可追也

"봉새야, 봉새야, 어찌 너의 덕이 그렇게 쇠했느냐? 앞날은 기대할 수 없고, 지난날은 돌아갈 수 없구나."

畫地而趨(획지이추)

"땅에 금을 그어 그 안에서 뛰어다닌다."

*畫(획) ; 긋다, 분할하다.

*趨 ; 달아나다, 달리다.

일정한 구획에 선을 긋고 그 테두리 안에서 뛴다. 즉 도덕이라는 범주로 자기의 활동을 묶고 제한한다. 시인(時人 ; 당시의 사람들)을 평한 은자(隱者) 접여(接輿)의 말이다.

【寓言】 공자가 초나라에 갔을 때, 초나라의 광접여가 공자가 묵고 있던 숙소의 문을 오가며 노래를 불렀다.

"봉새여! 봉새여! 어찌하여 그대의 덕이 쇠했느냐? 오는 세상은 기대할 수 없고, 지난날은 돌아갈 수 없구나(鳳兮鳳兮 何如德之衰也 來世 不可待 往世不可追也). 세상에 道가 있을 때는 성인이 뜻을 이룰 수 있으나, 세상에 道가 없을 때는 성인은 단지 살아있을 뿐이구나. 지금 같은 시절에는 형벌이나 면하면 다행이지. 복은 깃털보다 가벼운데 이를 짊어질 사람이 없고, 화(禍)는 땅보다 무거운데 이를 피하는 사람이 없구나.

그만두게나, 그만두게나! 덕으로 세상 사람들에게 나아감이여! 위태롭구나, 위태롭구나! '땅에 금을 그어 그 안에서 뛰어다니는 것을(畫地而趨).' 가시풀이여, 가시풀이여. 내 다리를 찌르지 마라! 내 물러나기도 하고 돌아가기도 하여 내 발을 다치게 하지 않으리!"

공자가 내려서서 그와 이야기를 하고자 했지만, 그가 종종걸음을 쳐서 공자를 피하는 바람에 그와 함께 이야기를 할 수 없었다. 접여가 공자를 태평성세에나 나타나는 길조인 봉황에 비유하여 그로 하여금 난세를 피하여 은둔하라고 충고한 일화이다.

■ 山木自寇(산목자구)

"산의 나무는 제 스스로를 해친다."

*寇 ; 해치다.

【寓言】 산목자구(山木自寇) ; "산의 나무는 제 스스로를 해친다."

공자가 초나라에 갔는데, 그 나라의 은자 광접여(狂接輿)가 공자가 머무는 집 앞을 거닐며 노래했다.

"산의 나무는 제 스스로를 해친다(山木自寇也). 등잔불의 기름은 제 스스로 태우고, 계피는 먹을 수 있기 때문에 사람들이 나무를 베어가며, 옻은 칠로 쓰기 때문에 사람들이 잘라간다. 사람들은 모두 쓸모 있는 것의 쓸모만을 알고, 쓸모없는 것의 쓸모를 알지 못한다."

■ 人皆知有用之用 而莫知無用之用也
(인개지유용지용 이막지무용지용야)

"사람들은 모두 유용(有用)의 用만 알 뿐 무용(無用)의 用은 모른다."

【寓言】 무용지용(無用之用) ; 쓸모가 없는 것의 쓰임새라는 뜻으로, 얼핏 봐서 아무 소용도 없을 것 같은 존재가 도리어 크게 쓸 곳이 있다는 말이다.

"산의 나무는 제 스스로를 해치고 있다. 등잔불의 기름은 제 스스로 태우고, 계피는 먹을 수 있기 때문에 사람들이 나무를 베어가며, 옻은 칠로 쓰기 때문에 사람들이 잘라간다. 사람들은 모두 쓸모 있는 것의 쓸모만을 알고, 쓸모없는 것의 쓸모를 알지 못한다(人皆知有用之用 而莫知無用之用也)."

『무용지물(無用之物)』이란 말이 있다. 아무 짝에도 쓸모없는 물건을 말한다. 그런데 아무 쓸모없는 것처럼 보이는 것이 실제로는 쓸모 있는 것이 되는 것이 『무용지용』이다. 세속 사람들이 생각하고 있는 그 반대편에 항상 진리가 있다고 주장하는 도가(道家)의 생각에서 나온 말이다.

4. 人間世

顔回見仲尼, 請行. 曰：“奚之?”曰：“將之衛.”曰：“奚爲 焉?”曰：“回聞衛君, 其年壯, 其行獨. 輕用其國而不見其過. 輕用民死, 死者以國量, 乎澤若蕉, 民其無如矣! 回嘗聞之夫子曰：‘治國去之, 亂國就之. 醫門多疾.’ 願以所聞思其則, 庶幾其國有瘳乎!”

仲尼曰：“嘻, 若殆往而刑耳! 夫道不欲雜, 雜則多, 多則擾, 擾則憂, 憂而不救. 古之至人, 先存諸己而後存諸人. 所存於己者未定, 何暇至於暴人之所行! 且若亦知夫德之所蕩而知之所爲出乎哉? 德蕩乎名, 知出乎爭. 名也者, 相軋也；知也者爭之器也. 二者凶器, 非所以盡行也.

且德厚信矼, 未達人氣；名聞不爭, 未達人心. 而強以仁義繩墨之言術暴人之前者, 是以人惡有其美也, 命之曰災人. 災人者, 人必反災之. 若殆爲人災夫.

且苟爲人悅賢而惡不肖, 惡用而求有以異? 若唯無詔, 王公必將乘人而鬥其捷. 而目將熒之, 而色將平之, 口將營之, 容將形之, 心且成之. 是以火救火, 以水救水, 名之曰益多. 順始無窮, 若殆以不信厚言, 必死於暴人之前矣!

且昔者桀殺關龍逢, 紂殺王子比幹, 是皆修其身以下傴拊人之民, 以下拂其上者也, 故其君因其修以擠之. 是好名者也.

昔者堯攻叢枝, 胥, 敖, 禹攻有扈. 國爲虛厲, 身爲刑戮. 其用兵不止, 其求實無已, 是皆求名實者也, 而獨不聞之乎? 名實者, 聖人之所不能勝也, 而況若乎! 雖然, 若必有以也, 嘗以語我來."

顏回曰 : "端而虛, 勉而一, 則可乎?" 曰 : "惡! 惡可! 夫以陽爲充孔揚, 采色不定, 常人之所不違, 因案人之所感, 以求容與其心, 名之曰日漸之德不成, 而況大德乎! 將執而不化, 外合而內不訾, 其庸詎可乎!"

"然則我內直而外曲, 成而上比. 內直者, 與天爲徒. 與天爲徒者, 知天子之與己, 皆天之所子, 而獨以己言蘄乎而人善之, 蘄乎而人不善之邪? 若然者, 人謂之童子, 是之謂與天爲徒. 外曲者, 與人之爲徒也. 擎跽曲拳, 人臣之禮也. 人皆爲之, 吾敢不爲邪? 爲人之所爲者, 人亦無疵焉, 是之謂與人爲徒. 成而上比者, 與古爲徒. 其言雖教, 謫之實也, 古之有也, 非吾有也. 若然者, 雖直而不病, 是之謂與古爲徒. 若是則可乎?" 仲尼曰 : "惡! 惡可! 大多政法而不諜. 雖固, 亦無罪. 雖然, 止是耳矣, 夫胡可以及化! 猶師心者也."

顏回曰 : "吾無以進矣, 敢問其方." 仲尼曰 : "齋, 吾將語若. 有心而爲之, 其易邪? 易之者, 皞天不宜.” 顏回曰: “回之家貧, 唯不飮酒不茹葷者數月矣. 如此則可以爲齋乎?” 曰: “是祭祀之齋, 非心齋也.”

回曰: “敢問心齋.” 仲尼曰: “若一志, 無聽之以耳而聽之以心, 無聽之以心而聽之以氣. 聽止於耳, 心止於符. 氣也者, 虛而待物者也. 唯道集虛. 虛者, 心齋也”

顏回曰: “回之未始得使, 實自回也; 得使之也, 未始有回也, 可謂虛乎?” 夫子曰: “盡矣! 吾語若: 若能入遊其樊而無感其名, 入則鳴, 不入則止. 無門無毒, 一宅而寓於不得已則幾矣. 絶跡易, 無行地難. 爲人使易以僞, 爲天使難以僞. 聞以有翼飛者矣, 未聞以無翼飛者也; 聞以有知知者矣, 未聞以無知知者也. 瞻彼闋者, 虛室生白, 吉祥止止. 夫且不止, 是之謂坐馳. 夫徇耳目內通而外於心知, 鬼神將來舍, 而況人乎! 是萬物之化也, 禹, 舜之所紐也, 伏戱, 幾蘧之所行終, 而況散焉者乎!”

葉公子高將使於齊, 問於仲尼曰: “王使諸梁也甚重. 齊之待使者, 蓋將甚敬而不急. 匹夫猶未可動也, 而況諸侯乎! 吾甚栗之. 子常語諸梁也曰: ‘凡事若小若大, 寡不道以懽成. 事若不成, 則必有人道之患; 事若成, 則必有陰陽之患. 若成若不成而後無患者, 唯有德者能之.’ 吾食也執粗而不臧, 爨無欲清之人. 今吾朝受命而夕飮冰, 我其內熱與! 吾未至乎事之情而既有陰陽之患矣! 事若不成, 必有人道之患, 是兩也. 爲人臣者不足以任之, 子其有以語我來!"

仲尼曰 : "天下有大戒二 : 其一命也, 其一義也. 子之愛親, 命也, 不可解於心 ; 臣之事君, 義也, 無適而非君也, 無所逃於天地之間. 是之謂大戒. 是以夫事其親者, 不擇地而安之, 孝之至也 ; 夫事其君者, 不擇事而安之, 忠之盛也 ; 自事其心者, 哀樂不易施乎前, 知其不可奈何而安之若命, 德之至也. 爲人臣子者, 固有所不得已. 行事之情而忘其身, 何暇至於悅生而惡死! 夫子其行可矣!

丘請複以所聞 : 凡交近則必相靡以信, 交遠則必忠之以言. 言必或傳之. 夫傳兩喜兩怒之言, 天下之難者也. 夫兩喜必多溢美之言, 兩怒必多溢惡之言. 凡溢之類妄, 妄則其信之也莫, 莫則傳言者殃. 故法言曰 : '傳其常情, 無傳其溢言, 則幾乎全.'

且以巧鬥力者, 始乎陽, 常卒乎陰, 泰至則多奇巧 ; 以禮飮酒者, 始乎治, 常卒乎亂, 泰至則多奇樂. 凡事亦然, 始乎諒, 常卒乎鄙 ; 其作始也簡, 其將畢也必巨. 言者, 風波也 ; 行者, 實喪也. 夫風波易以動, 實喪易以危. 故忿設無由, 巧言偏辭. 獸死不擇音, 氣息茀 然於是並生心厲. 剋核太至, 則必有不肖之心應之而不知其然也. 苟爲不知其然也, 孰知其所終! 故法言曰 : '無遷令, 無勸成. 過度益也.' 遷令勸成殆事. 美成在久, 惡成不及改, 可不愼與! 且夫乘物以遊心, 托不得已以養中, 至矣. 何作爲報也! 莫若爲致命, 此其難者?"

顔闔將傅衛靈公大子, 而問於蘧伯玉曰 ; "有人於此, 其德天殺. 與之爲無方則危吾國, 與之爲有方則危吾身. 其知適足以知人之過, 而不知其所以過. 若然者, 吾奈之何?" 蘧伯玉曰 : "善哉問乎! 戒之, 愼之, 正女身哉! 形莫若就, 心莫若和. 雖然, 之二者有患. 就不欲入, 和不欲出. 形就而入, 且爲顚爲滅, 爲崩爲蹶 ; 心和而出, 且爲聲爲名, 爲妖爲孽. 彼且爲嬰兒, 亦與之爲嬰兒 ; 彼且爲無町畦, 亦與之爲無町畦 ; 彼且爲無崖, 亦與之爲無崖 ; 達之, 入於無疵.

汝不知夫螳螂乎? 怒其臂以當車轍, 不知其不勝任也, 是其才之美者也. 戒之, 愼之, 積伐而美者以犯之, 幾矣!

汝不知夫養虎者乎? 不敢以生物與之, 爲其殺之之怒也 ; 不敢以全物與之, 爲其決之之怒也. 時其飢飽, 達其怒心. 虎之與人異類, 而媚養己者, 順也 ; 故其殺者, 逆也.

夫愛馬者, 以筐盛矢, 以蜃盛溺. 適有蚊虻仆緣, 而拊之不時, 則缺銜毁首碎胸. 意有所至而愛有所亡. 可不愼邪?"

匠石之齊, 至於曲轅, 見櫟社樹. 其大蔽牛, 絜之百圍, 其高臨山十仞而後有枝, 其可以舟者旁十數. 觀者如市, 匠伯不顧, 遂行不輟. 弟子厭觀之, 走及匠石, 曰 : '自吾執斧斤以隨夫子, 未嘗見材如此其美也. 先生不肯視, 行不輟, 何邪?" 曰 : "已矣, 勿言之矣! 散木也. 以爲舟則沉, 以爲棺槨則速腐, 以爲器則速毁, 以爲門戶則液樠, 以爲柱則蠹, 是不材之木也. 無所可用, 故能若是之壽."

匠石歸, 櫟社見夢曰 : "女將惡乎比予哉? 若將比予於文木邪? 夫柤梨橘柚果蓏之屬, 實熟則剝, 剝則辱. 大枝折, 小枝泄. 此以其能苦其生者也. 故不終其天年而中道夭, 自掊擊於世俗者也. 物莫不若是. 且予求無所可用久矣! 幾死, 乃今得之, 爲予大用. 使予也而有用, 且得有此大也邪? 且也若與予也皆物也, 奈何哉其相物也? 而幾死之散人, 又惡知散木!" 匠石覺而診其夢. 弟子曰 : "趣取無用, 則爲社何邪?" 曰 : "密! 若無言! 彼亦直寄焉! 以爲不知己者詬厲也. 不爲社者, 且幾有翦乎! 且也彼其所保與衆異, 而以義喻之, 不亦遠乎!"

南伯子綦遊乎商之丘, 見大木焉, 有異 : 結駟千乘, 隱, 將芘其所藾. 子綦曰 : "此何木也哉! 此必有異材夫!" 仰而視其細枝, 則拳曲而不可以爲棟梁 ; 俯而視其大根, 則軸解而不可以爲棺槨 ; 舐其葉, 則口爛而爲傷 ; 嗅之, 則使人狂酲三日而不已. 子綦曰 "此果不材之木也, 以至於此其大也. 嗟乎,醒三日而不已. 子綦曰 : “此果不材之木也, 以至於此其大也. 嗟乎, 神人以此不材.”

宋有荊氏者, 宜楸柏桑. 其拱把而上者, 求狙猴之杙斬之 ; 三圍四圍, 求高名之麗者斬之 ; 七圍八圍, 貴人富商之家求禪傍者斬之. 故未終其天年而中道之夭於斧斤, 此材之患也. 故解之以牛之白顙者, 與豚之亢鼻者, 與人有痔病者, 不可以適河. 此皆巫祝以知之矣, 所以爲不祥也. 此乃神人之所以爲大祥也.

支離疏者, 頤隱於齊, 肩高於頂, 會撮指天, 五管在上, 兩髀爲脅. 挫針治繲, 足以餬口 ; 鼓筴播精, 足以食十人. 上征武士, 則支離攘臂於其間 ; 上有大役, 則支離以有常疾不受功 ; 上與病者粟, 則受三鍾與十束薪. 夫支離者其形者, 猶足以養其身, 終其天年, 又況支離其德者乎!

孔子適楚, 楚狂接輿遊其門曰 : “鳳兮鳳兮, 何如德之衰也. 來世不可待, 往世不可追也. 天下有道, 聖人成焉 ; 天下無道, 聖人生焉. 方今之時, 僅免刑焉! 福輕乎羽, 莫之知載 ; 禍重乎地, 莫之知避. 已乎, 已乎! 臨人以德. 殆乎, 殆乎! 畫地而趨. 迷陽迷陽, 無傷吾行. 吾行郤曲, 無傷吾足.”

山木自寇也 ; 膏火自煎也. 桂可食, 故伐之 ; 漆可用, 故割之. 人皆知有用之用, 而莫知無用之用也.

5. 덕충부(德充符)

말없는 가운데 가르침이 있고,
보이지는 않지만 마음으로 진리를 터득한다.

노(魯)나라에 월형(刖刑)*을 받은 왕태(王駘)라는 사람이 있었는데, 그를 따르는 제자의 수가 중니(仲尼)와 같았다.

상계(常季)가 중니에게 물었다. "왕태는 불구자입니다. 그런데도 노나라에서 그를 따르는 제자의 수가 선생님과 맞먹습니다. 서서 가르치지 않고, 앉아서 의논하지 않는데도 따르는 이들은 텅 빈 채로 가서는 가득 채워서 돌아옵니다. 참으로 말하지 않는 가르침과 겉으로 드러남이 없으면서도 마음으로 이루는 것이 있는 것이겠지요? 그는 어떤 사람입니까?"

중니가 말했다. "그는 성인이다. 내가 아직 찾아가지 못했지만, 나도 장차 그를 스승으로 삼으려 하는데, 하물며 나만 못한 사람이겠는가! 어찌 노나라 사람뿐이겠는가! 나는 온 세상 사람들을 이끌고 그를 따를 것이다."

상계(常季)가 말했다. "그는 절름발이인데도 선생님보다 더 훌륭하다고 하시니, 그 같은 사람은 마음 씀씀이가 도대체 어떠합니까?"

중니가 말했다. "죽고 사는 문제 또한 중대하지만, 그를 동요

시키지는 못한다. 비록 하늘이 무너지고 땅이 꺼진다 하더라도 또한 그와 함께 떨어지지 않는다.

거짓 없는 참된 도를 잘 살펴서, 사물과 함께 옮겨 다니지 않고, 만물의 변화를 하늘의 뜻으로 받아들여 도의 근본을 지킨다."

상계가 말했다. "무슨 말씀이십니까?"

중니가 말했다. "서로 다른 입장에서 보면 간과 쓸개도 초나라와 월나라와 같다. 같다는 입장에서 보면 만물은 모두가 하나다. 이처럼 만물을 일체로 보면 눈과 귀의 즐거움에 끌리지 않고 마음을 덕의 조화 속에서 노닐게 한다. 그는 동일한 견지에서 바라보며, 발 하나 잃어버린 것에 마음을 쓰지 않는다. 따라서 그는 발을 잃음을 신발의 흙덩어리를 떨어버리듯 여기는 것이다."

*덕충부(德充符) ; 덕이 행동과 마음에 부합하다.

*월형(刖刑) ; 발뒤꿈치를 잘리는 형벌.

■ 立不敎 坐不議
(입불교 좌불의)

"서서 가르치지도 않고, 앉아서 의론도 하지 않는다."

서서 가르치지도 않고, 앉아서 의논하지 않는다. 그러면 서도 남을 가르칠 수가 있다. 이것이 참된 교육자라 할 수가 있다. 제자들은 단지 스승의 행동거지에서 큰 가르침을 받는 것이다.

【寓言】 노(魯)나라에는 발 잘린 형벌을 당한 왕태(王駘)라는 자가 있는데, 그를 좇아 배우는 제자의 수가 중니(공자)의 제자 수만큼 되었다.

상계(常季)가 중니에게 묻기를, "왕태는 절름발이인데도 그를 좇아 배우는 자가 선생님과 더불어 노나라를 반분하고 있습니다. 그는 서서 가르치지도 않고, 앉아서 토론 한 번 하지 않습니다(立不敎 坐不議). 그의 제자들은 텅 빈 채 가서 가득 채워 돌아온다고들 합니다. 참으로 말없는 가르침이나 형체 없이 마음으로 이룬다는 것이 있는지요(固有不言之敎 無形而心成者邪)? 이런 사람은 어떤 사람입니까?" 하였다.

중니가 말했다. "그는 성인이다. 나는 다만 때를 놓쳐 가지 못했을 따름이다. 나도 그를 스승으로 삼으려고 하는데,

하물며 나보다 못한 사람들이겠는가! 그리고 어찌 다만 노나라 사람뿐이겠는가. 나는 장차 천하의 사람들을 이끌고서 그를 좇아 배우고자 한다.”

자기이자시지 간담초월야

■ 自其異者視之 肝膽楚越也

“서로 다른 입장에서 보면 간과 쓸개도 초나라와 월나라와 같다.”

【寓言】 간담초월(肝膽楚越) ; 가까이 있어도 멀리 있는 것처럼 보이는 경우를 비유하는 말.

간담(肝膽)은 간과 쓸개로, 관계가 매우 밀접하거나 가까운 것을 비유하는 말이며, 초월(楚越)은 고대 중국의 초나라와 월나라로 서로 멀리 떨어져 있어 소원한 관계를 말한다.

위 항에 이어서 다시 상계(常季)가 공자에게 물었다. “무슨 말씀이신지요?”

공자가 말했다. “서로 뜻이 다른 입장에서 보면 간과 쓸개도 초나라와 월나라와 같고, 같은 마음으로 보면 만물은 모두 하나다(自其異者視之 肝膽楚越也 自其同者視之 萬物皆一也).”

서로 밀접한 관계일지라도 관점에 따라서 초나라와 월나

라처럼 사이가 멀어질 수 있고, 적대시하거나 서로 다른 것도 가까워지거나 같은 생각이 된다는 뜻이다. 입장이나 견해가 다르면 가까운 관계도 멀게 느껴지고, 서로 다른 것도 동일한 것으로 보인다는 말이다.

■ 人莫鑒於流水 而鑒於止水 唯止能止衆止
(인막감어류수 이감어지수 유지능지중지)

"사람은 흐르는 물에 비춰볼 수는 없고, 멈추어 있는 물에 비춰본다. 오직 멈추어 있는 것이 능히 멈추게 하고, 무리들을 멈추게 할 수 있다."

{사람은 흐르는 물은 참된 모습을 비추어 볼 수 없기 때문에 거울로 하지 않는다. 고요하게 정지해 있는 물에 자기를 비추어 거울로 한다. 사람도 항상 고요히 있는 물처럼 고요하게 하고 있으면 세상의 진상을 잡을 수가 있다.

유지(唯止)의 지(止)는 자기의 마음의 고요함, 중지(衆止)의 지(止)는 세상 여러 가지 사물의 정해진 모습. 능지(能止)의 지(止)는 자기의 마음을 비추어 봄.}

【寓言】 다시 상계가 왕태에 대해서 말했다. "그는 지혜로써 자기를 위하여 마음을 터득하고 그 마음으로 변함없는 마음을 터득하였는데, 어떤 것 때문에 그를 가장 낫다고 하

는 것입니까?"

중니가 말했다. "사람은 흐르는 물에 비춰볼 수는 없고, 멈추어 있는 물에 비춰본다. 오직 멈추어 있는 것이 능히 멈추게 하고 무리들을 멈추게 할 수 있다(人莫鑒於流水 而鑒於止水 唯止能止衆止).

땅에서 생명을 받은 것 중에 오직 소나무와 잣나무만이 홀로 겨울과 여름에 푸르고, 하늘에서 생명을 받은 것 중에 오직 순임금만이 홀로 올바르다. 그는 다행히 능히 자기의 삶을 바로잡아 무리들의 삶도 바로잡을 수 있었다. 무릇 본래의 도리가 보존되어 있다는 징조는 두려움 없는 실체로서 드러나니, 한 사람의 용사가 적의 대군 속으로 용감하게 쳐들어가기도 한다.

장차 명성을 추구하여 능히 그것에 집착하는 자도 그와 같은데, 하물며 천지를 주재하고 만물을 보존하며, 육신을 단지 잠깐 머무르게 하여 이목을 허상으로 여기며, 알게 된 대상을 모두 하나로 여겨서 마음이 한 번도 사멸된 적 없는 사람이야 말할 나위 있겠는가!

그는 또 언젠가는 날을 가려 도의 경지에 오를 것이다. 사람들은 곧 이것을 좇는 것이니, 그 또한 굳이 제자 모으는 일 따위를 하겠는가!"

■ 鑒明則塵垢不止 止則不明也 久與賢人處則無過
(감명즉진구부지 지즉불명야 구여현인처즉무과)

"거울이 밝으면 먼지가 앉지 못한다. 먼지가 앉으면 거울은 밝지 못하다. 오래 어진 사람과 같이 있으면 허물이 없다."

【寓言】 명경지수(明鏡止水) ; 맑은 거울과 조용한 물. 맑고 고요한 심경. 사람의 마음이 맑고 조용한 것을 비유해서 명경지수와 같다고 한다. 《불경》에 흔히 사념(邪念)이 없이 맑고 깨끗한 마음을 가리켜서 명경지수라 말한다.

신도가(申徒嘉)는 발을 자르는 형을 받은 불구자였는데, 정나라 재상 자산(子産)과 함께 백혼무인(伯昏無人)을 스승으로 모시고 있었다. 하루는 자산이 신도가에게 말했다.

"내가 그대보다 먼저 선생님을 하직하고 나갈 때는 그대는 잠시 남아 있게. 그대가 먼저 나가게 되었을 때는 내가 잠시 남아 있을 테니."

이튿날, 두 사람은 또 같은 방에 함께 있게 되었다. 자산은 또 어제와 똑같은 말을 하고는, "지금 내가 먼저 나가려 하는데, 뒤에 남아 주겠지. 설마 그렇게 못하겠다고 말하지는 않겠지. 그대는 재상인 나를 보고도 조금도 어려워하는 기색이 없는데, 그대는 그대 자신을 재상과 같다고 여기는가?" 하고 말했다.

신도가가 말했다. "선생님 밑에 재상과 같은 것이 있을 수 있겠소. 당신은 자신이 재상이란 것을 자랑하여 남을 업신여기고 있는 거요. 나는 이런 말을 듣고 있소. '거울이 밝으면 먼지가 앉지 못한다. 먼지가 앉으면 거울은 밝지 못하다. 오래 어진 사람과 같이 있으면 허물이 없다(鑒明則塵垢不止 止則不明也 久與賢人處則無過).' 고 말이오. 그런데 지금 당신은 큰 도를 배우기 위해 선생님 밑에 다니면서 이 같은 세속적인 말을 하니 좀 잘못되지 않았소?"

여기에 나오는 밝은 거울은 어진 사람의 때 묻지 않은 마음을 비유하고 있다. 또 역시 노(魯)나라에 죄를 지어 발이 잘린 왕태(王駘)라는 불구자의 이야기가 공자와 공자의 제자인 상계(常季)와의 문답 형식으로 나온다. 왕태의 문하에서 배우는 사람의 수는 공자의 문하에서 배우는 사람의 수만큼 많았다. 그래서 상계는 속으로 그것을 다소 불만스럽게 생각하고 공자에게 그 까닭을 물었다.

"왕태는 몸을 닦는 데 있어서, 자신의 지혜로써 자신의 마음을 알고, 그것에 의해 자신의 본심을 깨닫는다고 합니다. 이것은 어디까지나 자기 자신만을 위한 공부로서 남을 위하거나 세상을 위한 공부는 아닙니다. 그런데도 어떻게 그토록 많은 사람들이 그에게 모여드는지 알 수 없습니다."

공자는 이렇게 대답했다. "사람은 흐르는 물을 거울로 삼는 일이 없이 멈추어 있는 물을 거울로 삼는다. 오직 멈추어 있는 것만이 모든 것을 멈추어 있게 할 수 있다(人莫鑑於流水而鑑於止水 唯止能止衆止). 왕태의 마음은 멈추어 있는 물처럼 조용하기 때문에 사람들은 그를 거울삼아 모여들고 있는 것이다."

여기서는 왕태의 고요한 마음이 멈추어 있는 물(止水)에 비유되고 있다. 이 『명경지수』란 말은 《장자》의 이 두 가지 이야기에서 나온 말인데, 송(宋)나라 때 선비들이 선가(禪家)의 영향을 받아 즐겨 이 말을 써 왔기 때문에, 뒤에는 이 말이 가진 허(虛)와 무(無)의 본뜻은 없어지고, 다만 고요하고 담담한 심정을 비유해서 쓰이게 되었다.

이사생위일조 이가불가위일관
■ 以死生爲一條 以可不可爲一貫

"삶과 죽음을 한 줄거리로 여기고, 옳고 그름을 일관된 것으로 여긴다."

{삶과 죽음이 별개의 것이 아니라 하나로 연결된 끈으로 여기며. 또한 옳음과 옳지 않음, 즉 시비와 선악은 하나의

동일한 것으로 여긴다. 이런 관점에 선 사람에게는 이미 인생을 속박할 그 무엇도 없다.}

■ 和而不唱(화이불창)

"남이 노래를 부르면 따라 부르기는 하지만, 자기가 나서서 노래를 부르지는 않는다."

{남의 이론과 설에는 찬성하지만 자기의 학설은 적극적으로 주장하지 않는다. 남과 협조하고 친밀하게 지내지만 부화뇌동하지는 않는다. 남의 의견에 대해서는 단지 어울릴 뿐 동조하지 않고, 어울리되 자기주장은 하지 않는다.}

■ 德有所長而形有所忘 人不忘其所忘而忘其所不忘此謂誠忘(덕유소장이형유소망 인불망기소망이망기소불망차위성망)

"덕이 뛰어나면 외형은 잊어버린다. 사람들은 마땅히 잊어야 할 것은 잊지 못하고, 잊지 말아야 할 것은 잊어버린다. 이를 성망(誠忘)이라고 일컫는다."

*誠忘 ; 잊어버리는 마음의 병.

【寓言】 인기지리무신(闉跂支離無脤 ; 절름발이에다 곱

사등이에 언청이인 가공의 인물)이 위령공(衛靈公)에게 유세(遊說)하자, 영공이 기뻐하였는데, 그 이후로는 온전한 사람을 보면 그 목이 가늘고 길어 보였다.

옹앙대영(甕盎對癭 ; 항아리만한 큰 혹이 붙어 있는 가공의 인물)이 제환공에게 유세하자, 환공이 기뻐하였는데, 그 이후로는 온전한 사람을 보면 목이 가늘고 길어 보였다. '그러므로 덕이 뛰어나면 외형 따위는 잊어버리는데, 세상 사람들은 잊어버려야 할 것은 잊지 않고, 잊지 말아야 할 것을 잊어버리니 이것을 일러 성망(誠忘)이라고 한다(故德有所長而形有所忘 人不忘其所忘而忘其所不忘 此謂誠忘).'

그러기에 성인은 자유롭게 노닐어서 지식을 부산물(孽 ; 재앙, 근심)로 여기고, 사람을 구속하는 예(禮)를 아교풀로 여기며, 세속의 덕을 속박으로 여기며, 기술을 장삿속이라고 여긴다. 성인은 꾀하지 않으니 어디에 지식을 쓰겠는가?

깎아 모양을 내지 않으니, 어디에 아교풀을 쓰겠는가? 본래의 자기를 잃어버리지 않으니, 어디에 세간의 덕을 쓰겠는가? 사고팔지 않으니, 어디에 장삿속을 쓰겠는가? 이 네 가지는 하늘이 길러주는 것이니, 하늘이 길러준다는 것은 하늘이 먹여주는 것이다. 이미 자연으로부터 먹을 것을 받았는데, 어찌 사람의 노력이 필요하랴!

5. 德充符

魯有兀者王駘, 從之遊者與仲尼相若. 常季問於仲尼曰 : “王駘, 兀者也, 從之遊者與夫子中分魯. 立不教, 坐不議. 虛而往, 實而歸. 固有不言之教, 無形而心成者邪? 是何人也?” 仲尼曰 : “夫子, 聖人也, 丘也直後而未往耳! 丘將以爲師, 而況不若丘者乎! 奚假魯國, 丘將引天下而與從之.”

常季曰 : “彼兀者也, 而王先生, 其與庸亦遠矣. 若然者, 其用心也, 獨若之何?” 仲尼曰 : “死生亦大矣, 而不得與之變 ; 雖天地覆墜, 亦將不與之遺 ; 審乎無假而不與物遷, 命物之化而守其宗也.”

常季曰 : “何謂也?” 仲尼曰 : “自其異者視之, 肝膽楚越也 ; 自其同者視之, 萬物皆一也. 夫若然者, 且不知耳目之所宜, 而遊心乎德之和. 物視其所一而不見其所喪, 視喪其足猶遺土也.”

常季曰 : “彼爲己, 以其知得其心, 以其心得其常心. 物何爲最之哉?” 仲尼曰 : “人莫鑒於流水而鑒於止水. 唯止能止衆止. 受命於地, 唯松柏獨也正, 在冬夏靑靑 ; 受命於天, 唯堯, 舜獨也正, 在萬物之首. 幸能正生, 以正衆生. 夫保始之徵, 不懼之實, 勇士一人, 雄入於九軍. 將求名而能自要者而猶若是, 而況官天地, 府萬物, 直寓六骸, 象耳目, 一知之所知而心未嘗死者乎! 彼且擇日而登假, 人則從是也. 彼且何肯以物爲事乎!"

申徒嘉, 兀者也, 而與鄭子產同師於伯昏無人. 子產謂申徒嘉曰 : "我先出則子止, 子先出則我止." 其明日, 又與合堂同席而坐. 子產謂申徒嘉曰 : "我先出則子止, 子先出則我止. 今我將出, 子可以止乎? 其未邪? 且子見執政而不違, 子齊執政乎?" 申徒嘉曰 : "先生之門固有執政焉如此哉? 子而說子之執政而後人者也. 聞之曰 : '鑒明則塵垢不止, 止則不明也. 久與賢人處則無過.' 今子之所取大者, 先生也, 而猶出言若是, 不亦過乎!"

子產曰 : "子既若是矣, 猶與堯爭善. 計子之德, 不足以自反邪?" 申徒嘉曰 : "自狀其過以不當亡者衆 ; 不狀其過以不當存者寡. 知不可奈何而安之若命, 唯有德者能之. 遊於羿之彀中. 中央者, 中地也 ; 然而不中者, 命也. 人以其全足笑吾不全足者衆矣, 我怫然而怒, 而適先生之所, 則廢然而反. 不知先生之洗我以善邪? 吾之自寐邪? 吾與夫子遊十九年, 而未嘗知吾兀者也. 今子與我遊於形骸之內, 而子索我於形骸之外, 不亦過乎!" 子產蹴然改容更貌曰 : "子無乃稱!"

魯有兀者叔山無趾, 踵見仲尼. 仲尼曰 : “子不謹, 前既犯患若是矣. 雖今來, 何及矣!” 無趾曰 : “吾唯不知務而輕用吾身, 吾是以亡足. 今吾來也, 猶有尊足者存, 吾是以務全之也. 夫天無不覆, 地無不載, 吾以夫子爲天地, 安知夫子之猶若是也!” 孔子曰 : “丘則陋矣! 夫子胡不入乎? 請講以所聞.” 無趾出. 孔子曰 : “弟子勉之! 夫無趾, 兀者也, 猶務學以複補前行之惡, 而況全德之人乎!”

無趾語老聃曰 : “孔丘之於至人, 其未邪? 彼何賓賓以學子爲? 彼且以蘄以諔詭幻怪之名聞, 不知至人之以是爲己桎梏邪?” 老聃曰 : “胡不直使彼以死生爲一條, 以可不可爲一貫者, 解其桎梏, 其可乎?” 無趾曰 : “天刑之, 安可解!”

魯哀公問於仲尼曰 : “衛有惡人焉, 曰哀駘它. 丈夫與之處者, 思而不能去也 ; 婦人見之, 請於父母曰 : ‘與爲人妻, 寧爲夫子妾’者, 數十而未止也. 未嘗有聞其唱者也, 常和人而已矣. 無君人之位以濟乎人之死, 無聚祿以望人之腹, 又以惡駭天下, 和而不唱, 知不出乎四域, 且而雌雄合乎前, 是必有異乎人者也. 寡人召而觀之, 果以惡駭天下. 與寡人處, 不至以月數, 而寡人有意乎其爲人也 ; 不至乎期年, 而寡人信之. 國無宰, 而寡人傳國焉. 悶然而後應, 氾而若辭. 寡人醜乎, 卒授之國. 無幾何也, 去寡人而行. 寡人恤焉若有亡也, 若無與樂是國也. 是何人者也!”

仲尼曰：“丘也嘗使於楚矣, 適見豚子食於其死母者. 少焉眴若, 皆棄之而走. 不見己焉爾, 不得其類焉爾. 所愛其母者, 非愛其形也, 愛使其形者也. 戰而死者, 其人之葬也不以翣資；刖者之屨, 無爲愛之. 皆無其本矣. 爲天子之諸御：不爪翦, 不穿耳；取妻者止於外, 不得複使. 形全猶足以爲爾, 而況全德之人乎! 今哀駘它未言而信, 無功而親, 使人授己國, 唯恐其不受也, 是必才全而德不形者也.”

哀公曰：“何謂才全?”仲尼曰：“死生, 存亡, 窮達, 貧富, 賢與不肖, 毀譽, 饑渴, 寒暑, 是事之變, 命之行也. 日夜相代乎前, 而知不能規乎其始者也. 故不足以滑和, 不可入於靈府. 使之和豫, 通而不失於兌. 使日夜無隙, 而與物爲春, 是接而生時於心者也. 是之謂才全.” “何謂德不形?” 曰：“平者, 水停之盛也. 其可以爲法也, 內保之而外不蕩也. 德者, 成和之修也. 德不形者, 物不能離也.”

哀公異日以告閔子曰：“始也吾以南面而君天下, 執民之紀而憂其死, 吾自以爲至通矣. 今吾聞至人之言, 恐吾無其實, 輕用吾身而亡吾國. 吾與孔丘非君臣也, 德友而已矣!”

闉跂支離無脣說衛靈公, 靈公說之, 而視全人：其脰肩肩. 甕㼜大癭說齊桓公, 桓公說之, 而視全人：其脰肩肩. 故德有所長而形有所忘. 人不忘其所忘而忘其所不忘, 此謂誠忘.

故聖人有所遊, 而知爲孽, 約爲膠, 德爲接, 工爲商. 聖人不謀, 惡用知? 不斵, 惡用膠? 無喪, 惡用德? 不貨, 惡用商? 四者, 天鬻也. 天鬻者, 天食也. 既受食於天, 又惡用人!

有人之形, 無人之情. 有人之形, 故群於人 ; 無人之情, 故是非不得於身. 眇乎小哉, 所以屬於人也 ; 謷乎大哉, 獨成其天.

惠子謂莊子曰 : "人故無情乎?" 莊子曰 : "然." 惠子曰 : "人而無情, 何以謂之人?" 莊子曰 : "道與之貌, 天與之形, 惡得不謂之人?" 惠子曰 : "既謂之人, 惡得無情?" 莊子曰 : "是非吾所謂情也. 吾所謂無情者, 言人之不以好惡內傷其身, 常因自然而不益生也." 惠子曰 : "不益生, 何以有其身?" 莊子曰 : "道與之貌, 天與之形, 無以好惡內傷其身. 今子外乎子之神, 勞乎子之精, 倚樹而吟, 據槁梧而瞑. 天選子之形, 子以堅白鳴."

6. 대종사(大宗師)

하늘이 하는 일을 알고,
사람이 하는 일을 아는 사람은 진인이다.

하늘이 하는 일을 알고, 사람이 하는 일을 알면 진인(眞人)이다.

하늘이 하는 일을 아는 사람은 하늘과 같이 살고,

사람이 하는 일을 아는 사람은 자신의 아는 지식을 가지고 자신이 모르는 것을 가늠한다.

그가 천수가 다하도록 요절하지 않는 것은 그 지혜가 뛰어났기 때문이다.

그러나 여기엔 여전히 근심이 남아 있다.

무릇 앎이란 그 의거하는 바가 있어야 타당한데, 그 의거하는 바가 확고히 세워져 있지 않기 때문이다.

그런데 내 어찌 하늘이 인간이 아님을 알겠으며, 인간이 하늘이 아님을 알 수 있겠는가! 그러기에 진인(眞人)이 있어야 참된 앎이 있으리라.

어떤 사람을 진인이라 하는가!

옛날 진인은 박복함을 거스르지 않았고, 성공을 뽐내지도 않았으며, 어떤 일도 마음에 두지 않았다.

이런 사람은 잘못을 저질러도 후회하지 않으며, 잘 되더라도 자랑하지 않는다.

또한 그는 높은 곳에 올라서도 무서워하지 않으며, 물에 빠져도 젖지 않으며, 불에 들어가도 타지 않는다.

그의 지혜가 도에 다다른 것이 바로 이와 같은 것이다.

*대종사(大宗師) ; 모든 가르침의 으뜸이 되는 스승, 곧 도(道)를 이르는 말이라 할 수 있다.

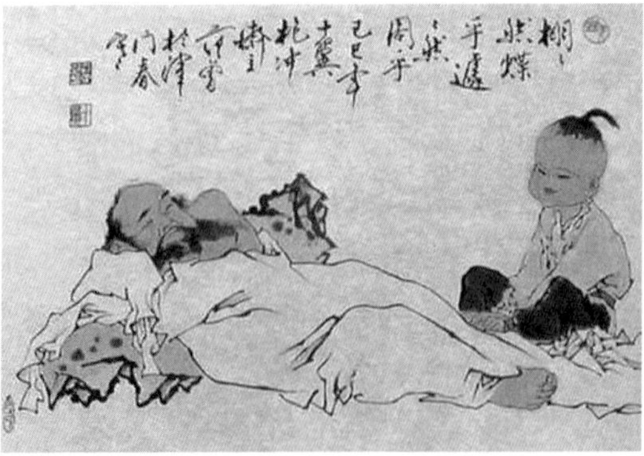

■ 其耆欲深者 其天機淺

기 기 욕 심 자 기 천 기 천

"욕심이 많은 자는 천기(天機)가 얕다."

*耆 ; 嗜의 가차자(假借字)로 탐욕의 뜻.

*天機 ; 자연의 기틀로 생명을 지속시키는 근본을 뜻한다. {기욕(嗜欲)과 천기(天機)는 서로 반대의 개념이므로 기욕을 줄이는 것이 천기를 지속시키는 방법이라는 말이다.}

【寓言】 어떤 사람을 진인이라 이르는가?

옛날의 진인은 역경을 거스르지 않고, 공을 이루어도 뽐내지 않으며, 굳이 일을 도모하지도 않았다. 이런 사람은 실패해도 후회하지 않았으며, 성공해도 자만하지 않았다.

이런 사람은 높은 곳에 올라가도 두려워 떨지 않고, 물에 들어가도 젖지 않으며, 불속에 들어가도 데지 않았다. 이는 그의 앎이 도(道)에 이르렀기 때문이다.

옛날의 진인은 잠을 자도 꿈을 꾸지 않았고, 깨어 있을 때는 근심이 없었으며, 먹을 때는 달게 여기지 아니하였으며, 호흡은 깊고 깊었다.

진인의 호흡은 발뒤꿈치까지 미치는데, 보통 사람의 호흡은 목구멍까지 미칠 뿐이다. 남에게 굴복하는 사람은 목 메인 듯 아첨하는 말소리가 마치 토하는 것 같고, '욕망이 많은

사람은 천기(天機)가 얕다(其耆欲深者 其天機淺).'

■ 與天爲徒(여천위도)

"하늘과 더불어 한 무리가 된다."

【寓言】 옛날의 진인(眞人)의 모습은 당당하여 무너지지 않았으며, 부족한 듯하면서도 남의 도움을 받지 않았으며, 몸가짐이 법도에 맞았지만 고집스럽지 않았으며, 마음을 펼쳐 비운 듯하면서도 꾸미지는 않았다.

밝은 모습으로 마치 기쁜 듯하고, 재촉해서 움직이니 마지못해 하는 듯하고, 자기의 안색을 가득히 드러내는 일도 있지만, 자신의 참다운 덕에 머물렀다. 애써 세속에 사는 듯하고 주장을 내세우며 제약받지 않으며, 아무 말도 하지 않아서 감추는 것을 좋아하는 듯하지만, 무심히 모든 말을 다 잊어버린다.

형벌을 자기 몸처럼 여기고, 예를 날개로 삼는다. 앎은 시대의 흐름을 따르고, 덕은 자연의 섭리를 받아들인다.

형벌을 자기의 몸처럼 여긴다 함은 죄인을 처형함에 관대하다는 것이다. 예의를 날개로 삼는다 함은 세상의 흐름에 따른다는 것이다. 지식이 시대의 흐름을 따른다 함은 필연적인 움직임에 적응한다는 의미다. 덕이 자연의 섭리를 그대로 받아들인다 함은 보통 사람이 이를 수 있는 데를 목표로 삼을 뿐, 그 이상의 경지를 원치 않는다는 뜻이다. 사람들은 진인이 힘써 행하는 것으로만 여기고 있다.

그러므로 그들에게는 좋아하는 것도 한가지고, 좋아하지 않는 것도 한가지다. 그들에게는 한 가지의 것도 한가지이고, 한가지가 아니라는 것도 한가지이다. 그 한가지라는 것은 하늘과 한 무리가 되는 것이고(故其好之也一 其弗好之也一 其一也一 其不一也一 其一與天爲徒), 하나로 여기지 않는 것은 사람과 함께하는 무리가 되는 것이다. 하늘과 사람이 서로 이기려고 하지 않는 경지에 이른 사람을 일러 진인이라고 한다.

천학 어상여처어륙 상구이습
■ 泉涸 魚相與處於陸 相呴以濕

상유이말 불여상망어강호
相濡以沫 不如相忘於江湖

"샘이 마르면 물고기들은 마른 바닥에서 서로 습기를 입으로 끼얹어 주고 물거품으로 서로를 적셔 준다. 이는 강호에서 서로 잊어버리고 사는 것만 같지 못하다."

【寓言】 샘이 마르면 물고기들이 땅 위에 남아서 서로 물기를 뿜고 물방울로 적셔 주지만 강과 호수에서 서로를 잊고

사느니만 못하다. 요임금을 찬양하고 걸왕(桀王)을 비난하는 것은 둘 다 잊어버리고 도(道)와 일체가 되느니만 못하다.

노 아 이 생 일 아 이 로 식 아 이 사

■ 勞我以生 佚我以老 息我以死

"나에게 삶을 주어 수고롭게 하고, 늙음으로써 편하게 하며, 죽음으로써 쉬게 한다."

【寓言】 무릇 큰 땅덩어리(천지자연)는 육체를 주어서 나를 이 세상에 살게 하고, 생명을 주어서 나를 수고롭게 하며, 늙음으로써 나를 편안하게 하며, 죽음으로써 나를 쉬게 한다(夫大塊載我以形 勞我以生 佚我以老 息我以死). 그러므로 나의 삶을 좋은 것이라 하는 것은 곧 나의 죽음이 좋은 것이기 때문이리라.

장 주 어 학 장 산 어 택 장 천 하 어 천 하

■ 藏舟於壑 藏山於澤 藏天下於天下

"배를 골짜기에 감추고, 산을 못에 감추고, 천하를 천하에 감춘다."

*壑 ; 골짜기, 깊은 도랑, 웅덩이.

【寓言】 무릇 배를 골짜기에 감추고, 산을 못에 감추어 놓고는(藏舟於壑 藏山於澤), 도둑맞을 염려가 없다고 생각한다.

하지만 한밤중에 힘 센 사람이 그것을 지고 달아날 수가 있다. 어리석은 자는 그것을 알지 못한다.

작은 것을 큰 것 속에 숨길 수는 있으나 잃어버리기 쉽다. 만약 '천하를 천하 속에 숨겨 둔다면(藏天下於天下)' 잃어버리지 않을 것이다. 이것이야말로 모든 것과 통하는 진리임이 틀림없다고 했다.

그러나 모든 것이 한 근원이며 만물이 그대로 동일체인 평등의 진리를 깨닫고 보면 대소 장단을 초월하게 되니, 산을 못에 감추는 것이나, 배를 골짜기에 감추는 것이 그대로 천하를 천하에 감추는 것임을 알게 된다는 뜻이다. 그러면 제 것과 남의 것 구별이 없어지게 된다. 아무데도 가져갈 수 없으므로 재산을 빼앗길 걱정도 없다.

■ 殺生者不死 生生者不生 (살생자불사 생생자불생)

"삶을 죽이는 이는 죽지 않고, 삶을 살리는 이는 살지 못한다."

{삶을 소유하지 않으니 나의 삶이 따로 존재하지 않는다. 삶에 집착하여 그 삶을 자기의 것으로 만드는 자는 그 삶의 질곡에 빠지고 만다.

도라는 것은, 보내지 않는 것이 없고, 맞아들이지 않는 것도 없으며, 허물어뜨리지 않는 것이 없고, 이루지 않는 것도 없다. 이를 일러 '어지러움 속의 평온(其名爲攖寧)'이라 한다. 어지러움 속의 평온이란, 어지러움이 지난 다음에는 온전히 이루어진다는 것이다.}

■ 聞之疑始(문지의시)

"의시(疑始)에게서 들었다."

*疑始 ; 시작이 있는 듯하지만 시작이 없는 사람, 시작을 알 수 없는 경지에 도달한 사람.

【寓言】 남백자규가 말했다. "선생께서는 홀로 어디에서 도를 들으셨습니까?"

여우(女偊)가 말했다. "나는 그것을 부묵(副墨 ; 문자. 도를 전하는 도구)의 아들에게서 들었소, 부묵의 아들은 그것을 낙송(洛誦 ; 글을 되풀이하여 소리 내어 읽음)의 손자에게서 들었고, 낙송의 손자는 그것을 첨명(瞻明 ; 밝게 보는 것, 직접 도를 본 사람)에게서 들었고, 첨명은 그것을 섭허(聶許 ; 귓속말을 함, 귀로 들음)에게서 들었고, 섭허는 그것을 수역(需役 ; 터득한 도를 행동하는 이)에게서 들었고, 수역은 그것을 오구(於謳 ; 도를 즐겨 노래함)에게서 들었고, 오구는 그것을 현명(玄冥 ; 도의 깊고 고요한 경지)에게서 들었고, 현명은 그것을 참료(參廖 ; 공허함. 아무 작용이 없는 도의 경지)에게서 들었고, 참료는 그것을 '의시(疑始 ; 시작이 있는 듯하지만 시작 없는 이)에게서 들었습니다(聞之疑始).'"

■ 以無爲首 以生爲脊 以死爲尻
(이무위수 이생위척 이사위고)

"무(無)를 머리로 삼고, 생(生)을 척추로 삼고, 사(死)를 꽁무니로 삼는다."

*脊 ; 척추, 등뼈.

*尻 ; 꽁무니, 엉덩이.

【寓言】 자사(子祀), 자여(子輿), 자리(子犁), 자래(子來) 네 사람이 함께 이야기를 나누다가 이렇게 말했다. "누가 무(無)를 머리로 삼고, 생(生)을 등뼈로 삼으며, 사(死)를 꽁무니로 삼을 수 있을까(以無爲首 以生爲脊 以死爲尻)? 누가 생(生)과 사(死), 존(存)과 망(亡)이 한 몸임을 알 수 있을까? 만일 그런 사람이 있으면 나는 그를 벗으로 삼으리라."

그리고는 네 사람이 서로 쳐다보면서 빙그레 웃고 마음에 거슬리는 것이 없자(莫逆於心) 마침내 더불어 벗이 되었다.

생과 사를 한 가닥 노끈에 비유한다. 무(無)에서 태어나고, 나서는 죽는다. 무(無)와 생(生)과 사(死)는 사람의 머리, 등, 꽁무니와 같다.

■ 求時夜(구시야)

"새벽을 알리게 하다."

【寓言】 갑자기 자여가 병이 들자, 자사가 문병을 가서 말했다. "기이하구나, 조물주가 자네 몸을 굽게 하였구나."

그는 등이 심하게 굽어서 내장은 위로 올라가고, 턱은 배꼽 아래 숨고, 어깨는 이마보다 높아지고, 상투는 하늘을 가리켰다. 이렇듯 음양의 기가 어지러워졌으나, 그의 마음은 편안하였다.

그는 비틀거리며 걸어가 우물 속에 비친 자기의 모습을 보면서 말했다. "아, 조물주가 내 몸을 이렇게 구부러지게 만들었구나!"

자사가 말했다. "자네는 그게 싫은가?"

자여가 말했다. "아니, 내가 어찌 싫고 좋고가 있겠는가? 만약 내 왼팔이 변하여 닭처럼 된다면, 그것으로 새벽을 알리겠네(予因以求時夜). 만약 내 오른팔이 변하여 탄환이 된다면, 새를 잡아 구이를 만들겠네. 내 엉덩이가 변하여 수레바퀴가 되고, 내 정신이 변하여 말이 된다면 그것을 탈 수가 있으니 어찌 다른 탈 것이 필요하겠는가?

무릇 사람이 태어나는 것은 때를 만나는 것이며, 죽는 것은 때를 따르는 것이라네. 이렇게 때에 안주하고 때를 따른다면 슬픔과 즐거움이 나의 마음에 끼어들 여지가 없네.

이를 옛사람은 현해(縣解 ; 거꾸로 매달렸다가 풀려남)라고 했지. 그런데도 사람들이 스스로 헤어나지 못하는 까닭은 눈에 보이는 세상에 얽매여 있기 때문이네.

또 사물이 하늘(自然)을 이기지 못한 지 오래되었는데, 내가 또 무엇을 싫어하고 말고가 있겠는가?"

■ 以汝爲鼠肝乎 以汝爲蟲臂乎
(이여위서간호 이여위충비호)

"자네를 쥐의 간으로 만들까? 혹은 벌레의 팔뚝으로 만들 것인가?"

*鼠肝 ; 쥐의 간.

*蟲臂 ; 벌레의 팔.

쥐의 간(鼠肝)이나 벌레의 팔(蟲臂)은 쓸모없고 하찮은 사람이나 물건을 비유하는 말이다.

【寓言】 또 얼마 있다가 자래(子來)가 병에 걸려 헐떡거리면서 곧 죽을 것 같게 되자, 그 아내와 자식들이 둘러앉아 울고 있었다. 자리(子犁)가 문병을 가서 말했다.

"쉿! 저리들 비키시오! 이 엄숙한 변화의 작용을 방해하지 마시오!"

자리가 방문에 기대어 말했다. "위대하구나, 조화여! 또 자네를 무엇으로 만들려 하는가? 자네를 어디로 데려가려고 하는가? 그대를 쥐의 간으로 만들려는 것인가? 그대를 벌레의 다리로 만들려는 것인가(以汝爲鼠肝乎? 以汝爲蟲臂乎)?"

자래가 말했다. "부모가 자식에게 동서남북 어디라도 가야 한다면 따라야 하네. 음양(陰陽)은 사람에게 단지 부모와 같을 뿐만이 아니지. 저 음양이 나를 죽음에 가까이 가게 하는데, 만약 내가 따르지 않는다면 나만 나쁜 인간이 될 뿐이지, 저 음양에 무슨 죄가 있겠는가? 무릇 자연은 내게 몸을 주어 열심히 살게 하였으며, 늙음으로 나를 편안하게 하였고, 죽음으로 나를 쉬게 하였다네. 때문에 내가 삶을 즐겁게 받아들였다면, 죽음도 즐겁게 받아들여야 할 것이네."

■ 不祥之金(불상지금)

"상서롭지 못한 쇠붙이."

{인간은 인간이 될 것만을 원해 자연의 운명에 순응해야 한다.}

【寓言】 위 항에 이어 계속해서 자래가 말했다.

"지금 명 대장장이가 쇠를 녹여 주물을 만드는데, 쇠붙이가 뛰어오르며, '나는 또한 반드시 막야{鏌鎁 ; 간장(干將)이 만든 오왕 합려의 명검}와 같은 명검이 되겠다(我且必爲鏌鎁).' 고 말한다면, 대장장이는 반드시 상서롭지 못한 쇠붙이라고 여길 것이다(必以爲不祥之金). 이제 한번 인간의 형체를 훔쳐서 세상에 태어나, '나는 언제까지나 사람일 따름이다, 사람일 따름이다(人耳 人耳)!' 라고 말한다면, 저 변화를 주관하는 자도 반드시 나를 상서롭지 못한 사람이라고 여길 것이다(必以爲不祥之人). 이제 천지를 커다란 용광로로 삼고, 조물주를 대장장이라고 삼는다면, 내가 어디서 무엇이 되든 상관없지 않은가? 편안히 잠들고 어느 때 갑자기 다시 깨어날 것이네."

*간장막야(干將鏌鎁) ; 간장은 오(吳)나라 도장(刀匠 ; 칼의 장인)의 이름이고, 막야는 그의 아내인데, 임금 합려(闔

閭)의 청으로 간장이 칼을 만들 때 막야는 그녀의 머리털과 손톱을 쇠와 함께 가마에 넣고 달구어서 명검 두 자루를 만들었다. 음양법(陰陽法)에 의하여 양으로 된 칼을 간장, 음으로 된 칼을 막야라고 이름 지었는데, 이것이 전의(轉義)되어 명검을 일컫게 되었다.

■ 莫逆於心(막역어심)

"서로 마음에 거슬림이 없다."

【寓言】 막역지우(莫逆之友) ; 서로 거스르지 않는 친구라는 뜻으로, 아무 허물없이 친한 친구를 가리키는 말.

대종사(大宗師)에는 막역어심(莫逆於心)에 대한 두 가지 내용의 우화가 있다.

"자사(子祀) · 자여(子輿) · 자리(子犁) · 자래(子來) 네 사람이 서로 이야기를 나누었다. 『누가 무(無)를 머리로 삼고, 생(生)을 등뼈로 삼으며, 사(死)를 꽁무니로 삼을 수 있을까(以無爲首 以生爲脊 以死爲尻)? 또 누가 죽음과 삶, 있음과 없음이 일체임을 아는가? 내가 그와 더불어 친구가 되리라."라고 말하고는 네 사람이 서로 바라보며 웃었다. 마음에 거슬림이 없어 드디어 더불어 친구가 되었다(四人相視而笑 莫逆於

心 遂相與爲友).” 라는 이야기이고,

또 하나는, “자상호(子桑戶) · 맹자반(孟子反) · 자금장(子琴張) 세 사람이 서로 이야기하며 말하기를, ‘누가 능히 서로 사귀지 않는 속에서 사귀고, 서로 하는 일이 없는 가운데 행함이 있겠는가. 누가 능히 하늘에 올라 안개 속에 놀고, 무한한 우주 속을 돌아다니며 삶을 잊고 무한을 즐길 수 있겠는가?’

이렇게 말한 세 사람은 서로 바라보며 웃었다. 마음에 거슬림이 없는지라 드디어 서로 친구가 되었다(三人相視而笑 莫逆於心 遂相與友).” 라는 것이다.

비슷한 이야기에 똑같은 결론이다. 결국 막역(莫逆)은 서로가 거칠 것이 없는 한마음 한뜻이란 이야기다. 서로 흉허물 없는 것을 『막역』하다고도 한다. 더할 나위 없이 친한 친구를 『막역지우』라고 하고, 그러한 사이를『막역한 사이』라고 말한다.

이 우화는 둘 다 바깥 사물에 얽매이지 말고 천리(天理)를 좇아 마음을 비우라는 이야기를 하기 위한 것이다.

■ 外其形骸 (외기형해)

“형해(形骸 : 몸과 뼈)를 도외시한다.”

{의리를 숭상하고 육체나 생명을 비롯한 형이하(形而下)의 것은 도외시한다.}

【寓言】 위 항의 이야기에 이어, 얼마 동안 별 일 없이 지내다가 자상호(子桑戶)가 죽었다. 공자가 이 소식을 듣고 장례식에 자공(子貢)을 보내 장례를 돕게 하였다.

자공이 보니, 한 사람은 노래를 부르고, 한 사람은 거문고를 타면서 서로 화답하면서 노래했다.

"아, 상호(桑戶)여! 아, 상호여! 자넨 이미 참된 세계로 돌아갔는데, 우리는 아직 인간으로 남아 있구나!"

자공이 종종걸음으로 그들 앞에 나아가 말했다. "감히 묻겠습니다. 시신을 앞에 두고 노래하는 것이 예(禮)입니까?"

두 사람이 서로 마주보고 웃으면서 말했다. "우리가 어찌 예의 본뜻을 알겠소?"

자공이 돌아와 이 이야기를 공자에게 말했다. "저들은 도대체 어떤 사람들입니까? 예의도 없고, 생사를 도외시하여 시신을 앞에 두고 노래를 부르면서도 얼굴빛 하나 변하지 않았습니다. 제가 무어라고 말씀을 드릴 수 없으니 저들은 도대체 어떤 사람들입니까?"

공자가 말했다. "저들은 예의 밖에서 노니는 사람들이고(彼遊方之外者也), 나는 예의 안에서 살아가는 사람이다. 예의 밖과 안은 서로 미치지 않는데, 내가 너를 보내 조문케 하였으니, 나야말로 생각이 얕았다.

저들은 바야흐로 조물주와 벗이 되어 천지 사이에서 노닐고, 저들은 삶을 혹이나 사마귀 정도로 생각하고, 죽음을 곪은 종기가 터지는 일 정도로 생각한다. 그 같은 사람들이 또 어찌 사생(死生)과 선후(先後)의 소재를 알려고 하겠느냐! 다른 사물을 빌려 한 몸에 의탁하여 간과 쓸개를 잊어버리며, 귀와 눈의 감각을 없애서 生과 死를 되풀이하여 그 끝을 알 수 없다. 무심히 티끌과 때에 오염된 세속 밖에서 이리저리 노닐며 무위(無爲)의 세계에 소요한다. 저들이 또 어찌 번거롭게 세속의 예를 갖추어 세상 사람들의 귀와 눈에 보이게 하겠느냐!"

■ 遊方之外 (유방지외)

"일정한 형식 밖에서 노닌다."

{일정한 형식이나 도덕의 울타리를 벗어난 곳에서 행동한다. 번거로운 세속의 예절 같은 것은 모두 털어버리고, 세속 밖에 있으면서 무위(無爲)에 몸을 맡기는 것이 좋다. 공자가 한 말로서, 장자가 인용한 것.}

■ 魚相忘乎江湖 人相忘乎道術

(어상망호강호 인상망호도술)

"물고기는 강과 호수에서 서로를 잊고 자유로이 살고, 사람은 도리 안에서 서로를 잊고 자유로이 산다."

【寓言】 위 항에 이어, 자공이 공자에게 물었다. "선생님께서는 어디에 의지하시겠습니까?"

공자가 대답했다. "나는 하늘의 벌(세속에 매여 사는 형벌)을 받은 사람이다. 비록 그렇더라도 나는 너희들과 함께할 것이다."

자공이 나시 물었다. "감히 그 방법을 여쭙니다."

공자가 대답했다. "물고기는 함께 물에서 살아야 하고, 사람은 함께 사람의 도리 안에서 살아야 한다. 함께 물에서 사는 것들은 연못을 파주면 넉넉히 살아갈 수 있고, 함께 도리 안에서 사는 것들은 간섭하는 일이 없으면 삶이 안정되기 마련이다. 그러니 물고기는 강과 호수에서 서로를 잊고 자유로이 살고, 사람은 도리 안에서 서로를 잊고 자유로이 산다(魚相忘乎江湖 人相忘乎道術)고 하는 것이다."

자공이 물었다. "감히 기인(畸人)에 대해서 여쭙습니다."

공자가 말했다. "기인은 세속 사람들과 다르지만 하늘과는 비슷하다. 그래서 하늘의 소인은 속세의 군자이고, 하늘의 군자는 속세의 소인이라고 말하는 것이다."

■ 天之小人人之君子 人之君子天之小人也
(천지소인인지군자 인지군자천지소인야)

"하늘의 소인은 인간세상의 군자이고, 인간세상의 군자는 하늘의 소인이다."

{하늘에서 본 소인은 사람이 보아서 군자이고, 사람이 본 군자는 하늘이 보아 소인이다. 곧 천지자연에 따르는 것이 참된 인간이고 인위(人爲)의 인간은 참된 것이 아니다.}

■ 黥汝以仁義 而劓汝以是非矣
(경여이인의 이의여이시비의)

"인의(仁義)로써 그대의 이마에 먹물을 새겼고, 옳고 그름으로써 코를 베었다."

*黥 ; 얼굴이나 팔뚝의 살을 따고 홈을 내어 먹물로 죄명을 찍어 넣던 벌.

*劓 ; 코를 베다.

{움직일 수 없으리만큼 도덕에 꽉 얽매여 있다. 그래서 자연에 몸을 맡기는 자연인이 될 수가 없는 것이다.}

【寓言】 의이자(意而子)가 허유(許由)를 만났는데, 허유가 말했다. "요임금은 무엇을 그대에게 가르쳐 주던가?"

의이자가 말했다. "요임금은 저에게 말하기를, '그대는 반드시 몸소 인의(仁義)를 실천하고, 옳고 그른 것을 분명히 가리라." 고 했습니다."

허유가 말했다. "그렇다면 무엇 때문에 나에게 왔는가? 요임금은 이미 인의로써 그대의 이마에 먹물을 새겨 넣었고, 옳고 그름으로써 그대의 코를 베어버렸으니(黥汝以仁義 而劓汝以是非矣), 그대가 장차 어떻게 제멋대로 소요하면서, 마음 내키는 대로 행동하고, 자유자재로 변화하는 도의 세계에 노닐 수 있겠는가?"

허유는 상고의 고사(高士)로, 자는 무중(武仲), 패택(沛澤)에 숨어 살았다. 요임금이 천하를 물려주려고 하는 것을 거절하고 기산(箕山)에 숨었고, 또 구주(九州)의 장으로 삼으려고 한다는 소식을 듣고 귀를 영수(潁水) 가에서 씻었다고 하는 『세이공청(洗耳恭聽)』 고사도 전해진다. 의이자(意而子)는 가공의 인물이다.

■ 回坐忘矣 (회좌망의)

"회는 좌망(坐忘)하였습니다."

【寓言】 안회가 말했다. "저는 인의(仁義)를 잊었습니다."

중니가 말했다. "좋구나, 하지만, 아직은 멀었구나."

다른 날 다시 안회가 공자를 찾아가 말했다. "저는 더 나아갔습니다."

공자가 물었다. "무슨 말이냐?"

안회가 대답했다. "저는 예악(禮樂)을 잊었습니다."

중니가 말했다. "좋구나, 하지만 아직은 멀었다."

다른 날 다시 공자를 뵙자, 안회가 말했다. "저는 더 나아갔습니다."

중니가 물었다. "무슨 말이냐?"

안회가 대답했다. "회는 좌망하였습니다(回坐忘矣)."

공자가 깜짝 놀라 말했다. "무엇을 좌망(坐忘)이라고 하느냐?"

안회가 대답했다. "사지와 몸뚱이를 죄다 버리고 귀와 눈의 감각작용을 물리치며 형체를 떠나서 지각작용을 없애고, 위대한 통달에 이르렀을 때, 이것을 『좌망』이라고 일컫습니다."

공자가 말했다. "그런 경지에 오르게 되면(同則) 좋아하고 싫어하는 것이 없게 되고, 큰 도의 변화와 함께라면 집착이 없게 되니, 과연 현명하구나. 나는 청컨대 그 뒤를 좇고자 한다."

좌망(坐忘)은 수양(修養)의 극치로서 무아(無我)의 경지를 뜻하는데, 단좌(端坐)하여 일체의 물아(物我), 시비(是非), 차별(差別)을 잃어버리는 정신 상황이다. 장자에 의하면 이 좌망은 인의와 예악을 잊어버리는 단계를 거친 뒤에 있게 된다고 한다.

6. 大宗師

知天之所爲, 知人之所爲者, 至矣! 知天之所爲者, 天而生也；知人之所爲者, 以其知之所知以養其知之所不知, 終其天年而不中道夭者, 是知之盛也. 雖然, 有患：夫知有所待而後當, 其所待者特未定也. 庸詎知吾所謂天之非人乎? 所謂人之非天乎? 且有真人而後有真知.

何謂真人? 古之真人, 不逆寡, 不雄成, 不謨士. 若然者, 過而弗悔, 當而不自得也. 若然者, 登高不栗, 入水不濡, 入火不熱, 是知之能登假於道者也若此.

古之真人, 其寢不夢, 其覺無憂, 其食不甘, 其息深深. 真人之息以踵, 衆人之息以喉. 屈服者, 其嗌言若哇. 其耆欲深者, 其天機淺.

古之真人, 不知說生, 不知惡死. 其出不欣, 其入不距. 翛然而往, 翛然而來而已矣. 不忘其所始, 不求其所終. 受而喜之, 忘而複之. 是之謂不以心捐道, 不以人助天, 是之謂真人. 若然者, 其心志, 其容寂, 其顙頯. 淒然似秋, 暖然似春, 喜怒通四時, 與物有宜而莫知其極. 故聖人之用兵也, 亡國而不失人心. 利澤施乎萬世, 不爲愛人. 故樂通物, 非聖人也；有親, 非仁也；天時, 非賢也；利害不通, 非君子也；行名失己, 非士也；亡身不真, 非役人也. 若狐不偕, 務光, 伯夷, 叔齊, 箕子, 胥餘, 紀他, 申徒狄, 是役人之役, 適人之適, 而不自適其適者也.

古之真人, 其狀義而不朋, 若不足而不承；與乎其觚而不堅也, 張乎其虛而不華也；邴邴乎其似喜也, 崔崔乎其不得已也, 滀乎進我色也, 與乎止我德也, 廣乎其似世也, 謷乎其未可制也, 連乎其似好閉也, 悗乎忘其言也. 以刑爲體, 以禮爲翼, 以知爲時, 以德爲循. 以刑爲體者, 綽乎其殺也；以禮爲翼者, 所以行於世也；以知爲時者, 不得已於事也；以德爲循者, 言其與有足者至於丘也, 而人真以爲勤行者也. 故其好之也一, 其弗好之也一. 其一也一, 其不一也一. 其一與天爲徒, 其不一與人爲徒, 天與人不相勝也, 是之謂真人.

死生, 命也；其有夜旦之常, 天也. 人之有所不得與, 皆物之情也. 彼特以天爲父, 而身猶愛之, 而況其卓乎! 人特以有君爲愈乎己, 而身猶死之, 而況其真乎!

泉涸, 魚相與處於陸, 相呴以濕, 相濡以沫, 不如相忘於江湖. 與其譽堯而非桀也, 不如兩忘而化其道.

夫大塊載我以形, 勞我以生, 佚我以老, 息我以死. 故善吾生者, 乃所以善吾死也. 夫藏舟於壑, 藏山於澤, 謂之固矣!

然而夜半有力者負之而走, 昧者不知也. 藏小大有宜, 猶有所循. 若夫藏天下於天下而不得所循, 是恒物之大情也. 特犯人之形而猶喜之. 若人之形者, 萬化而未始有極也, 其爲樂可勝計邪? 故聖人將遊於物之所不得循而皆存. 善妖善老, 善始善終, 人猶效之, 而況萬物之所系而一化之 所待乎!

夫道有情有信, 無爲無形 ; 可傳而不可受, 可得而不可見 ; 自本自根, 未有天地, 自古以固存 ; 神鬼神帝, 生天生地 ; 在太極之先而不爲高, 在六極之下而不爲深, 先天地生而不爲久, 長於上古而不爲老. 狶韋氏得之, 以挈天地 ; 伏戲氏得之, 以襲氣母 ; 維鬥得之, 終古不忒 ; 日月得之, 終古不息 ; 勘壞得之, 以襲昆侖 ; 馮夷得之, 以遊大川 ; 肩吾得之, 以處大山 ; 黃帝得之, 以登雲天 ; 顓頊得之, 以處玄宮 ; 禺強得之, 立乎北極 ; 西王母得之, 坐乎少廣, 莫知其始, 莫知其終 ; 彭祖得之, 上及有虞, 下及及五伯 ; 傅說得之, 以相武丁, 奄有天下, 乘東維, 騎箕尾而比於列星.

南伯子葵問乎女偊曰 : “子之年長矣, 而色若孺子, 何也?” 曰 ; “吾聞道矣.” 南伯子葵曰 : “道可得學邪?” 曰 : “惡! 惡可! 子非其人也. 夫卜梁倚有聖人之才而無聖人之道, 我有聖人之道而無聖人之才. 吾欲以教之, 庶幾其果爲聖人乎? 不然, 以聖人之道告聖人之才, 亦易矣. 吾猶守而告之, 參日而後能外天下；已外天下矣，吾又守之，七日而後能外物；已外物矣，吾又守之，九日而後能外生；已外生矣，而後能朝徹；朝徹而後能見獨；見獨而後能無古今；無古今而後能入於不死不生. 殺生者不死，生生者不生. 其爲物無不將也，無不迎也，無不毁也，無不成也. 其名爲攖寧. 攖寧也者，攖而後成者也."

南伯子葵曰："子獨惡乎聞之?"曰："聞諸副墨之子，副墨之子聞諸洛誦之孫，洛誦之孫聞之瞻明，瞻明聞之聶許，聶許聞之需役，需役聞之於謳，於謳聞之玄冥，玄冥聞之參寥，參寥聞之疑始."

子祀，子輿，子犁，子來四人相與語曰："孰能以無爲首，以生爲脊，以死爲尻；孰知死生存亡之一體者，吾與之友矣!"四人相視而笑，莫逆於心，遂相與爲友. 俄而子輿有病，子祀往問之. 曰："偉哉，夫造物者將以予爲此拘拘也."曲僂發背，上有五管，頤隱於齊，肩高於頂，句贅指天，陰陽之氣有沴，其心閑而無事，跰躚而鑑於井，曰："嗟乎! 夫造物者又將 以予爲此拘拘也."

子祀曰："女惡之乎?"曰："亡，予何惡! 浸假而化予之左臂以爲雞，予因以求時夜；浸假而化予之右臂以爲彈，予因以求鴞炙；浸假而化予之尻以爲輪，以神爲馬，予因以乘之，豈更駕哉! 且夫得者, 時也 ; 失者, 順也. 安時而處順, 哀樂不能入也, 此古之所謂縣解也, 而不能自解者, 物有結之. 且夫物不勝天久矣, 吾又何惡焉!"

俄而子來有病, 喘喘然將死. 其妻子環而泣之. 子犁往問之, 曰 : "叱! 避! 無怛化!" 倚其戶與之語曰 : "偉哉造化! 又將奚以汝爲? 將奚以汝適? 以汝爲鼠肝乎? 以汝爲蟲臂乎?" 子來曰 : "父母於子, 東西南北, 唯命之從. 陰陽於人, 不翅於父母. 彼近吾死而我不聽, 我則悍矣, 彼何罪焉? 夫大塊以載我以形, 勞我以生, 佚我以老, 息我以死. 故善吾生者, 乃所以善吾死也. 今大冶鑄金, 金踴躍曰 : '我且必爲鏌鋣!' 大冶必以爲不祥之金. 今一犯人之形而曰 : '人耳! 人耳!' 夫造化者必以爲不祥之人. 今一以天地爲大爐, 以造化爲大冶, 惡乎往而不可哉!" 成然寐, 蘧然覺.

子桑戶, 孟子反, 子琴張三人相與友曰 : "孰能相與於無相與, 相爲於無相爲 ; 孰能登天遊霧, 撓挑無極, 相忘以生, 無所窮終!" 三人相視而笑, 莫逆於心, 遂相與友.

莫然有間, 而子桑戶死, 未葬. 孔子聞之, 使子貢往侍事焉. 或編曲, 或鼓琴, 相和而歌曰 : "嗟來桑戶乎! 嗟來桑戶乎! 而已反其真, 而我猶爲人猗!" 子貢趨而進曰 : "敢問臨尸而歌, 禮乎?" 二人相視而笑曰 : "是惡知禮意!"

子貢反, 以告孔子曰：“彼何人者邪? 修行無有而外其形骸, 臨尸而歌, 顏色不變, 無以命之. 彼何人者邪?”孔子曰：“彼遊方之外者也, 而丘遊方之內者也. 外內不相及, 而丘使女往吊之, 丘則陋矣! 彼方且與造物者爲人, 而遊乎天地之一氣. 彼以生爲附贅縣疣, 以死爲決𤺋潰癰. 夫若然者, 又惡知死生先後之所在! 假於異物, 托於同體；忘其肝膽, 遺其耳目；反覆終始, 不知端倪；芒然彷徨乎塵垢之外, 逍遙乎無爲之業. 彼又惡能憒憒然爲世俗之禮, 以觀眾人之耳目哉!”

子貢曰：“然則夫子何方之依?”孔子曰：“丘, 天之戮民也. 雖然, 吾與汝共之.”子貢曰：“敢問其方?”孔子曰：“魚相造乎水, 人相造乎道. 相造乎水者, 穿池而養給；相造乎道者, 無事而生定. 故曰：魚相忘乎江湖, 人相忘乎道術.”子貢曰：“敢問畸人?”曰：“畸人者, 畸於人而侔於天. 故曰：天之小人, 人之君子；人之君子, 天之小人也.”

顏回問仲尼曰：“孟孫才, 其母死, 哭泣無涕, 中心不戚, 居喪不哀. 無是三者, 以善處喪蓋魯國, 固有無其實而得其名者乎? 回壹怪之.”仲尼曰：“夫孟孫氏盡之矣, 進於知矣, 唯簡之而不得, 夫已有所簡矣. 孟孫氏不知所以生, 不知所以死. 不知就先, 不知就後. 若化爲物, 以待其所不知之化已乎. 且方將化, 惡知不化哉? 方將不化, 惡知已化哉? 吾特與汝,其夢未始覺者邪! 且彼有駭形而無損心, 有旦宅而無情死. 孟孫氏特覺, 人哭亦哭, 是自其所以乃. 且也相與'吾之'耳矣, 庸詎知吾所謂'吾之'乎? 且汝夢爲鳥而厲乎天, 夢爲魚而沒於淵. 不識今之言者, 其覺者乎? 其夢者乎? 造適不及笑, 獻笑不及排, 安排而去化, 乃入於寥天一."

意而子見許由, 許由曰: "堯何以資汝?" 意而子曰: "堯謂我: 汝必躬服仁義而明言是非." 許由曰: "而奚來爲軹? 夫堯既已黥汝以仁義, 而劓汝以是非矣. 汝將何以遊夫遙蕩恣睢轉徙之塗乎?"

意而子曰: "雖然, 吾願遊於其藩." 許由曰: "不然. 夫盲者無以與乎眉目顔色之好, 瞽者無以與乎青黃黼黻之觀." 意而子曰: "夫無莊之失其美, 據梁之失其力, 黃帝之亡其知, 皆在鑪捶之間耳. 庸詎知夫造物者之不息我黥而補我劓, 使我乘成以隨先生邪?" 許由曰: "噫! 未可知也. 我爲汝言其大略: 吾師乎! 吾師乎! 齏萬物而不爲義, 澤及萬世而不爲仁, 長於上古而不爲老, 覆載天地, 刻雕眾形而不爲巧. 此所遊已!

顔回曰: "回益矣." 仲尼曰 : "何謂也?" 曰 : "回忘仁義矣." 曰: "可矣, 猶未也." 他日復見, 曰: "回益矣." 曰: "何謂也?" 曰: "回忘禮樂矣!" 曰: "可矣, 猶未也." 他日複見, 曰 : “回益矣!” 曰 : “何謂也?” 曰 : “回坐忘矣.” 仲尼蹴然曰 : “何謂坐忘?” 顔回曰 : “墮肢體, 黜聰明, 離形去知, 同於大通, 此謂坐忘.” 仲尼曰 : “同則無好也, 化則無常也. 而果其賢乎! 丘也請從而後也.”

子輿與子桑友. 而霖雨十日, 子輿曰 : “子桑殆病矣!” 裹飯而往食之. 至子桑之門, 則若歌若哭, 鼓琴曰 : “父邪! 母邪! 天乎! 人乎!” 有不任其聲而趨擧其詩焉. 子輿入, 曰 : “子之歌詩, 何故若是?” 曰 : “吾思夫使我至此極者而弗得也. 父母豈欲吾貧哉? 天無私覆, 地無私載, 天地豈私貧我哉? 求其爲之者而不得也! 然而至此極者, 命也夫!”

7. 응제왕(應帝王)

정치는 자연의 섭리에 맡겨두라

설결(齧缺)이 왕예(王倪)에게 물었다. 네 번을 물었는데, 네 번 다 대답을 하지 못했다. 설결이 뛸 듯이 기뻐하여, 가서 포의자(蒲衣子)에게 그 이야기를 했다.

포의자가 말했다. "그대는 이제야 그것을 알았는가? 유우씨(有虞氏)도 태씨(泰氏)에게는 미치지 못한다. 유우씨는 자기 마음속에 인(仁)을 가지고 사람들을 불러 모았으니 사람들을 얻었지만, 처음부터 사람이 아닌 자연의 경지로 나아가지는 못하였다.

태씨는 누워 잘 때는 느긋하고, 깨어 있을 때는 어수룩해서, 때로는 자신을 말이라고 여기고 때로는 자기를 소라고 여겼다. 그의 지혜는 참으로 믿을 만하였으며, 그의 덕(德)은 매우 진실하였으니, 애초부터 사람이 아닌 경지로 들어가려 하지 않았다."

견오(肩吾)가 광접여(狂接輿)를 만났다.

광접여가 말했다. "일중시(日中始)는 자네에게 무슨 말을 하던가?"

견오가 말했다. " '군주 노릇하는 자가 자기 스스로 마땅한 법식과 올바른 법도를 실천하면 백성들이 누가 감히 복종하고 교화되지 않겠는가!' 라고 말했습니다."

광접여가 말했다. "그것은 거짓 덕이니, 그렇게 천하를 다스리는 것은 마치 바다를 걸어서 건너고, 강바닥을 맨손으로 파서 길을 내며, 모기 등에 산을 짊어지게 하는 것과 같다. 무릇 성인의 다스림이 외면을 다스리는 것인가? 자기 자신을 바르게 다스린 뒤에 시행하여 확고하게 자기가 할 일을 잘할 뿐이다. 새는 높이 날아서 주살(矰弋)의 해를 피할 줄 알고, 생쥐는 신단 아래 깊이 구멍을 파서 연기를 마시거나 파헤쳐지는 재앙을 피할 줄 아는데, 자넨 어찌 하찮은 두 생물의 지혜도 알지 못하는가!"

*응제왕(應帝王) ; 제왕(帝王)이 되기에 마땅한 자격.

■ 避矰弋之害
피증익지해

“새는 높이 날아서 주살의 위험을 피한다.”

*矰弋 ; 주살, 줄이 달린 화살.

{사람도 뜻(志)을 고상하게 하여 몸을 지키는 방법을 생각해야 한다.}

■ 虎豹之文來田
호표지문래전

“호랑이나 표범의 무늬는 사냥꾼을 불러들인다.”

*文 ; 무늬.

*田 ; 사냥.

【寓言】 양자거(陽子居)가 노담(老聃)을 만나서 말했다.

“여기 한 사람이 있는데, 아주 날렵하고 굳세며, 사물을 꿰뚫어보고, 도를 배우는 데 게을리 하지 않는다면 가히 명왕(明王)에 견줄 수 있겠습니까?”

노담이 말했다. “이런 사람을 성인과 비교하다니, 그런 잡일이나 담당하며 기술에 얽매이는 자들은 몸을 수고롭게 하고 마음을 졸일 뿐이다. 게다가 호랑이와 표범의 아름다운 무늬는 사냥꾼을 부르고(虎豹之文來田), 원숭이의 민첩함과 살쾡이를 잡는 개는 단지 우리에 매이니, 이같은 사람을 명왕에

견줄 수 있겠는가."

양자거가 얼굴빛을 고치고 말했다. "감히 명왕의 다스림에 대해 여쭙습니다."

노담이 말했다. "명왕의 다스림은 공(功)이 세상을 뒤덮어도 스스로가 한 일로 여기지 않고, 교화(敎化)가 만물에 미쳐도 백성들이 느끼지 못하며, 베풂이 있는데도 아무도 그 이름을 일컫지 않으며, 만물로 하여금 스스로 만족하게 하여, 헤아릴 수 없는 초월적인 경지에 서서 무(無)의 세계에 노니는 것이다."

호랑이나 표범은 그 아름다운 무늬의 모피를 가지고 있기 때문에 사냥꾼의 표적이 된다. 능력이 있는 자는 그 능력 때문에 오히려 재앙을 초래한다.

■ 雕琢復朴(조탁복박)

"옥을 갈고 다듬어 소박(素朴)함으로 돌아간다."

{인위적인 허식은 깎아 버리고 본래의 소박함으로 돌아간다. 모든 것을 처음에는 세공을 하거나 다듬지만, 마지막에는 그와 같은 수식(修飾)을 제거하고, 본래의 소박함으로 돌아가는 것이 진실이다.

사람도 학문을 해서 지식을 넓히지만, 결국에는 솔직한 천연 그대로의 자연의 형태로 돌아가는 것이 좋다.}

■ 不將不逆 應而不藏
(부장불역 응이부장)

“꾀하지도 거스르지도 않으며, 사물에 따라서 응할 뿐 간직하지 않는다.”

【寓言】 명예의 주인이 되지 말고, 모략의 곳집이 되지 말며, 일에 얽매이지 말고, 지혜의 주인이 되지 말라. 무궁한 道를 체득하여 무위자연의 세계에 노닌다.

하늘에서 받은 것을 극진히 여기고, 이(利)를 탐하지 말고, 오로지 마음을 비울 따름이다.

지인(至人)의 마음은 거울과 같아서, ‘꾀하지도 거스르지도 않으며, 사물에 따라서 응할 뿐 간직하지 않는다(不將不逆 應而不藏).’ 그러므로 만물에 군림하면서도 상처입지 않을 수 있는 것이다.

과거를 좇지 않고, 장래를 앞당겨서 걱정하지도 않으며, 그 시기에 맞추어 적당한 조치를 취하고 마음에 남겨두지 않는다. 부장(不將)은 미래를 걱정하지 않는 것. 불역(不逆)은 과거에 얽매이지 않는 것. 거울에 비유해 보면, 거울은 현재 앞에 나타난 것이라도 지나가고 나면 그것을 남겨두었다가 비추는 법이 없고, 아직 오지 않은 것을 앞서서 비추지 않는다. 현재의 자기 앞에 있는 것만을 그대로 비추어준다. 이런 태도로 처신함이 가장 바람직하다 할 수 있겠다.

■ 混沌之德(혼돈지덕)

"혼돈의 덕."

무위무책(無爲無策)의 덕을 말한다. 신화적 세계에서의 혼돈은 악(惡)·우(愚)·추(醜) 등으로서 멸시 당하였는데, 이를 플러스 가치로 역전시킨 것이 장자였다. 그는 이 혼돈 신화를 다음과 같은 우화로써 재생시켰다.

【寓言】 남해(南海)의 신을 숙(儵)이라 하고, 북해의 신을 홀(忽)이라 하고, 중앙의 신을 혼돈(混沌)이라 한다.

어느 날, 숙과 홀이 혼돈의 땅에 놀러왔다. 혼돈은 이들을 융숭하게 대접했다. 숙과 홀은 그 '혼돈의 후의(混沌之德)'에 대해 답례를 하기로 했다.

"인간에게는 누구나 모두 일곱 개의 구멍이 있어 보고, 듣고, 먹고, 숨 쉬는데, 오직 혼돈에게만 구멍이 없으니, 시험 삼아 구멍을 뚫어줍시다(人皆有七竅 以視聽食息 此獨無有

嘗試鑿之).”

그래서 날마다 구멍 한 개씩 뚫어주었는데, 7일 만에 혼돈은 죽어버렸다(日鑿一竅 七日而渾沌死).

숙과 홀이 정성스레 눈·코·입 등 일곱 개의 구멍(눈 2, 콧구멍 2, 귀 2, 입 1)을 모두 뚫어 주었다. 그러자 혼돈은 그만 죽고 말았다. 이유는 눈도 코도 입도 아무것도 없는 것이 혼돈이기 때문이다.

인간은 듣거나, 보거나, 말하거나 여러 가지 일을 하고 있는데, 이런 것들을 모두 단절하고 혼돈, 즉 무위무책(無爲無策)으로 있는 것이 최상이다. 인간의 얕은꾀로 자연(혼돈)을 파괴해서는 안 된다는 장자철학의 단면을 보여주고 있다.

7. 應帝王

齧缺問於王倪, 四問而四不知. 齧缺因躍而大喜, 行以告蒲衣子. 蒲衣子曰 : "而乃今知之乎? 有虞氏不及泰氏. 有虞氏其猶藏仁以要人, 亦得人矣, 而未始出於非人. 泰氏其臥徐徐, 其覺於於. 一以己爲馬, 一以己爲牛. 其知情信, 其德甚真, 而未始入於非人."

肩吾見狂接輿. 狂接輿曰 : "日中始何以語女?" 肩吾曰 : "告我 : 君人者以己出經式義度, 人孰敢不聽而化諸!" 狂接輿曰 : "是欺德也. 其於治天下也, 猶涉海鑿河而使蚊負山也. 夫聖人之治也, 治外夫? 正而後行, 確乎能其事者而已矣. 且鳥高飛以避矰弋之害, 鼷鼠深穴乎神丘之下以避熏鑿之患, 而曾二蟲之無知?"

天根遊於殷陽, 至蓼水之上, 適遭無名人而問焉, 曰 : "請問爲天下." 無名人曰 : "去! 汝鄙人也, 何問之不豫也! 予方將與造物者爲人, 厭則又乘夫莽眇之鳥, 以出六極之外, 而遊無何有之鄉, 以處壙埌之野. 汝又何帠以治天下感予之心爲?" 又複問, 無名人曰 : "汝遊心於淡, 合氣於漠, 順物自然而無容私焉, 而天下治矣."

陽子居見老聃, 曰："有人於此, 向疾強梁, 物徹疏明, 學道不倦, 如是者, 可比明王乎?"老聃曰："是於聖人也, 胥易技系, 勞形怵心者也. 且也虎豹之文來田, 猨狙之便執斄之狗來藉. 如是者, 可比明王乎?"陽子居蹴然曰："敢問明王之治."老聃曰："明王之治：功蓋天下而似不自己, 化貸萬物而民弗恃. 有莫舉名, 使物自喜. 立乎不測, 而遊於無有者也."

鄭有神巫曰季鹹, 知人之死生, 存亡, 禍福, 壽夭, 期以歲月旬日若神. 鄭人見之, 皆棄而走. 列子見之而心醉, 歸, 以告壺子, 曰："始吾以夫子之道爲至矣, 則又有至焉者矣."壺子曰："吾與汝既其文, 未既其實. 而固得道與? 眾雌而無雄, 而又奚卵焉! 而以道與世亢, 必信, 夫故使人得而相汝. 嘗試與來, 以予示之."

明日, 列子與之見壺子. 出而謂列子曰："嘻! 子之先生死矣! 弗活矣! 不以旬數矣! 吾見怪焉, 見濕灰焉."列子入, 泣涕沾襟以告壺子. 壺子曰："鄉吾示之以地文, 萌乎不震不正, 是殆見吾杜德機也. 嘗又與來."明日, 又與之見壺子. 出而謂列子曰："幸矣! 子之先生遇我也, 有瘳矣! 全然有生矣! 吾見其杜權矣!"列子入, 以告壺子. 壺子曰："鄉吾示之以天壤, 名實不入, 而機發於踵. 是殆見吾善者機也. 嘗又與來."明日, 又與之見壺子. 出而謂列子曰："子之先生不齊, 吾無得而相焉. 試齊, 且復相之." 列子入, 以告壺子. 壺子曰 : "吾鄉示之以以太沖莫勝, 是殆見吾衡氣機也. 鯢桓之審爲淵, 止水之審爲淵, 流水之審爲淵. 淵有九名, 此處三焉. 嘗又與來." 明日, 又與之見壺子. 立未定, 自失而走. 壺子曰 : "追之!" 列子追之不及. 反, 以報壺子曰 : "已滅矣, 已失矣, 吾弗及已." 壺子曰 : "鄉吾示之以未始出吾宗. 吾與之虛而委蛇, 不知其誰何, 因以爲弟靡, 因以爲波流, 故逃也." 然後列子自以爲未始學而歸. 三年不出, 爲其妻爨, 食豕如食人, 於事無與親. 雕琢復朴, 塊然獨以其形立. 紛而封哉, 一以是終.

無爲名尸, 無爲謀府, 無爲事任, 無爲知主. 體盡無窮, 而遊無朕. 盡其所受乎天而無見得, 亦虛而已! 至人之用心若鏡, 不將不逆, 應而不藏, 故能勝物而不傷.

南海之帝爲儵北海之帝爲忽, 中央之帝爲渾沌. 儵與忽時相與遇於渾沌之地, 渾沌待之甚善. 儵與忽謀報渾沌之德, 曰 : "人皆有七竅以視聽食息, 此獨無有, 嘗試鑿之." 日鑿一竅, 七日而渾沌死.

외편(外篇)

1. 변무(騈拇)

오리의 다리가 비록 짧지만 이어주면 근심이고,
학의 다리가 길다고 자르면 슬퍼한다.

발가락이 붙은 변무(騈拇)와 손가락이 여섯인 육손이는 태어날 때부터 그런 것인데, 보통 사람들에 비해 뭔가 많은 것이다.

사마귀나 혹은 몸에 생긴 것이지만, 역시 다른 사람에 비해 군더더기가 있는 것이다.

인의를 중시하는 것은 비록 그것이 사람의 오장(五藏)에 근거를 두었더라도 진정한 도덕이라고 할 수 없다.

그러므로 발가락이 붙은 변무는 쓸모없는 군살을 붙인 것이고, 손에 가지를 친 육손이는 쓸모없는 손가락 하나가 더 붙은 것이고, 오장의 모습에 군더더기를 붙이는 것은 인의(仁義)가 행위에 치우쳐 눈과 귀의 쓰임을 남용하는 데 불과하다.

그러므로 지나치게 눈이 밝은 자는 오색(五色)으로 마음을 어지럽히고, 화려한 무늬에 빠져 정신을 잃는다. 청황색 무늬의 예복을 만드는 것은 이 때문이 아닌가. 이주(離朱)*가 바로 그런 사람이리라.

또 지나치게 귀가 밝은 자는 오음(五音)에 마음을 어지럽히고, 육률(六律)에 이르러서는 정신을 잃을 정도로 그것에 빠진다. 금석사죽(金石絲竹)과 황종대려(黃鐘大呂)의 소리는 그래서 만든 것이다. 사광(師曠)이 바로 그런 사람이다.

지나치게 인의를 앞세우는 자는, 덕을 뽑아버리고 본성을 막으며 명성을 얻으려 한다. 피리를 불고 북을 치면서 천하로 하여금 도저히 미치지도 못할 인의의 법을 받들게 하는 것이 이 때문이 아닌가. 증삼(曾參)과 사추(史鰌) 같은 사람이다.

지나치게 변론을 일삼는 자는 기와를 쌓고 노끈을 묶듯 남의 글을 멋대로 고치고, 견백동이(堅白同異)의 궤변을 늘어놓는다. 하찮은 명예를 위해 쓸모없는 말로 피폐해지는 것은 이 때문이 아닌가. 양주(楊朱)와 묵적(墨翟)이 바로 그런 사람이다.

그러므로 이와 같은 것은 모두 본질에서 벗어난 무가치한 도리일 뿐 천하의 법도라 할 바른 길은 아니다.

*변무(騈拇) ; 엄지와 둘 째 발가락이 붙은 것을 말한다.
*이주(離朱) ; 중국 황제(黃帝) 때 또는 춘추시대 때 사람. 이루(離婁) 또는 이주(離珠)라고도 쓴다. 시력이 아주 밝은 사람으로 유명했다. 백 보 밖에서도 능히 털끝(秋毫之末)을 분간했다고 한다.

변어명자 난오색 음문장
■ 騈於明者 亂五色 淫文章

“지나치게 눈이 밝은 자는 오색(五色)으로 마음을 어지럽히고, 화려한 무늬에 빠져 일을 그르치는 수가 있다.”

{변(騈)은 발의 엄지와 검지발가락이 붙은 것. 쓸데없는 살이 붙어 있는 것에서 무용(無用)한 것을 말함. 변어명(騈於明)은 참된 명찰(明察)이 아닌 것. 문장(文章)은 색채(色彩).}

부경수단 속지즉우 학경수장 단지즉비
■ 鳧脛雖短 續之則憂 鶴脛雖長 斷之則悲

“물오리의 다리는 비록 짧지만 그것을 길게 이어주면 근심하고, 두루미의 다리는 비록 길지만 그것을 짧게 잘라주면 슬퍼할 것이다.”

*鳧 ; 물오리, 헤엄치다.

*脛 ; 정강이, 종아리.

*續 ; 잇다, 잇닿다, 계속하다.

【寓言】 정정당당한 길을 가는 사람은 본성을 버리지 않는다. 발가락 둘이 붙어 있어도 고민하지 않고, 손가락이 하나 더 있어도 걱정하지 않는다. 길다고 남는 것으로 생각지 않으며, 짧다고 부족하다고 여기지 않는다.

그러므로 ‘오리 다리가 비록 짧더라도 길게 이어주면 근심이 많아지고, 학의 다리가 비록 길더라도 짧게 잘라주면 슬퍼할 것이다(鳧脛雖短 續之則憂 鶴脛雖長 斷之則悲).' 본성이 긴 것을 잘라서는 안 되고, 본성이 짧은 것을 이어주어서는 안 된다. 근심할 게 무언가?

사람의 일 역시 이와 같아, 제각기 타고난 본성이 있는데, 이것을 다른 사람이 이러쿵저러쿵 참견한다면 본인에게는 괴로운 일이 될 것이다.

생각해 보면 인의(仁義)란 인간의 참 모습이 아니다. 저 인의를 실천하는 사람이 어찌 그리 걱정이 많은가?

■ 小惑易方 大惑易性 (소혹역방 대혹역성)

"작은 미혹은 방향을 바꾸고, 큰 미혹은 본성을 바꾼다."

*易 ; 바꾸다(역), 쉽다(이).

【寓言】 무릇 '작은 미혹은 삶의 방향을 바꾸고, 큰 미혹은 본성을 바꾼다(夫小惑易方 大惑易性).' 어떻게 그러함을 아는가? 유우씨(有虞氏 ; 순임금)가 인의를 내세워 천하를 어지럽힌 때부터 세상 사람들은 인의를 좇지 않는 이가 없었으니, 이것이 인의로써 본성을 바꾸어버린 것이 아니겠는가?

소 인 즉 이 신 순 리
■ 小人則以身殉利

"소인은 자기 몸을 이익에 바친다."

*殉 ; 따라 죽다, 순사하다, 순장하다, (목숨을) 바치다.

【寓言】 삼대(三代 ; 夏·殷·周) 이후로 천하 사람들이 외물(外物)로 인해 자기 본성을 바꾸지 않은 이가 없었다.

그래서 이를 한번 논의해 보자. 하(夏)·은(殷)·주(周) 삼대 이후로 천하 사람들이, 외물(外物)에 의해 그 본성을 바꾸지 않은 이가 없지 않은가!

'소인은 이익을 위해 몸을 바치고, 선비는 명예를 위해 몸을 바치고, 대부(大夫)는 가문을 위해 몸을 바쳤고, 성인은 천하를 위해 몸을 바쳤다(小人則以身殉利 士則以身殉名 大夫則以身殉家 聖人則以身殉天下).'

그러므로 이런 사람들은 그 한 일이 서로 다르니 명성이나 호칭이 다르지만, 자신을 바쳐서 본성을 상하게 한 점에서는 한가지다.

장 여 곡　이 인 상 여 목 양　이 구 망 기 양
■ 臧與穀 二人相與牧羊 而俱亡其羊

"장(臧)과 곡(穀) 두 사람이 각기 양을 치고 있다가 두 사람 모두 양을 잃었다."

{형식은 달라도 결과는 같다. 장은 책을 읽고 있었고, 곡은 노름을 하고 있었다. 책을 읽는 것과 노름을 하는 것은 확실히 다르다. 그러나 자기 직분을 태만히 하여 양을 잃어버렸다는 점에서는 같은 것이다.

세상에는 이런 예가 허다하다. 백이(伯夷), 숙제(叔齊)는 의(義)를 위해 굶어서 죽었고, 도척(盜跖)은 도둑놈으로 잡혀서 죽음을 당했다.

노장(老莊)사상으로 볼 때, 목숨을 잃은 점에서는 마찬가지다.}

【寓言】 독서망양(讀書亡羊) ; 글을 읽는 데 정신이 팔려서 돌보고 있던 양을 잃었다는 뜻으로, 하는 일에는 뜻이 없고 다른 생각만 하다가 낭패를 봄을 이르는 말.

장(臧)과 곡(穀) 두 남녀 종이 함께 양을 지키고 있다가 둘 다 그만 양을 놓치고 말았다(臧與穀二人相與牧羊 而俱亡其羊). 장에게 어찌된 일이냐고 물었더니, "죽간을 끼고 책을 읽고 있었습니다." 라고 하였다. 곡은, "주사위를 가지고 놀았습니다." 라고 했다. 이 두 사람이 한 일은 같지 않지만, 양을 잃었다는 결과는 똑같다.

학문을 중시하는 동양적 사고방식에서 본다면 책을 읽다가 양을 잃는 것은 대수롭지 않은 일이다. 그러나 윗글의 경우는 다르다.

좋은 양을 돌보는 일이 바로 그의 본분이다. 그런데 가당치 않게 독서를 하다가 양을 잃었다. 여기서 『독서망양』이 한눈을 팔다가 자기 본분을 잊는다는 뜻이 되는 것이다.

보통 『독서망양』은 '독서에 정신이 쏠려 다른 일을 잊는다는 뜻으로도 쓰이고 있다. 그러나 이 편에서 장자가 정말 하고 싶은 이야기는 이것이 아니다.

그는 좋은 일을 하다가 양을 잃었건 나쁜 일을 하다가 양을 잃었건 그 결과는 같다는 데 초점을 두고, 결국은 군자니 소인이니 하는 구별이 무의미하다는 말을 하고 싶은 것이다. 윗글 아래 이어지는 다음 내용을 보면 장자의 의도가 확실하다.

백이(伯夷)는 그 명예 때문에 수양산(首陽山) 아래서 죽었고, 도척(盜跖)은 이익 때문에 동릉(東陵) 위에서 죽었다. 어째서 백이는 반드시 옳고 도척은 반드시 그르다고 하는 것일까.

인의를 따라 죽는다면 세상에서는 군자라 하고, 이익을 따라 죽는다면 세상에서는 소인이라 한다. 목숨을 해치고 천성을 버린 점에서는 백이나 도척이 다를 바 없는데, 어찌 군자와 소인이라는 차별을 그 사이에 둘 수 있겠는가.

『독서망양』은 또한 지엽말단에 매달려 실체를 잃는다는 뜻의 『다기망양(多岐亡羊)』과 같은 의미로 쓰이기도 한다. 또한 동기는 다르지만 똑같이 나쁜 결과를 초래함을 비유하는 『장곡망양(臧穀亡羊)』이라는 성어도 생겨났다.

■ 天下盡殉也(천하진순야)

"세상 사람들은 모두 뭔가에 목숨을 건다."

【寓言】 세상 사람들은 모두가 무언가에 목숨을 건다. 그런데 어떤 사람이 인의를 위해 죽으면 세상 사람들은 군자라고 일컫고, 재물을 위해 죽으면 세상 사람들은 소인이라고 일컫는다(天下盡殉也 彼其所殉仁義也 則俗謂之君子 其所殉貨財也 則俗謂之小人).

무언가를 위해 죽는 것은 다 마찬가지인데, 어떤 이는 군자가 되고, 어떤 이는 소인이 된다. 그 생명을 해치고 본성을 해침에는 도척이나 백이가 다를 바가 없는데 또 어찌 그 사이에서 군자와 소인의 차이를 가릴 것인가(其殉一也 則有君子焉 有小人焉 若其殘生損性 則盜蹠亦伯夷已 又惡取君子小人於其間哉)!

외편(外篇)

1. 騈拇

騈拇枝指出乎性哉, 而侈於德；附贅縣疣出乎形哉, 而侈於性；多方乎仁義而用之者, 列於五藏哉, 而非道德之正也. 是故騈於足者, 連無用之肉也；枝於手者, 樹無用之指也；多方騈枝於五藏之情者, 淫僻於仁義之行, 而多方於聰明之用也.

是故騈於明者, 亂五色, 淫文章, 青黃黼黻之煌煌非乎? 而離朱是已! 多於聰者, 亂五聲, 淫六律, 金石絲竹黃鍾大呂之聲非乎? 而師曠是已! 枝於仁者, 擢德塞性以收名聲, 使天下簧鼓以奉不及之法非乎? 而曾, 史是已! 騈於辯者, 累瓦結繩竄句, 遊心於堅白同異之間, 而敝跬譽無用之言非乎? 而楊, 墨是已! 故此皆多騈旁枝之道, 非天下之至正也.

彼正正者, 不失其性命之情. 故合者不爲騈, 而枝者不爲跂；長者不爲有餘, 短者不爲不足. 是故鳧脛雖短, 續之則憂；鶴脛雖長, 斷之則悲. 故性長非所斷, 性短非所續, 無所去憂也.

意仁義其非人情乎! 彼仁人何其多憂也. 且夫騈於拇者, 決之則泣；枝於手者, 齕之則啼. 二者或有餘於數, 或不足於數,其於憂一也. 今世之仁人, 蒿目而憂世之患；不仁之人, 決性命之情而饕貴富. 故意仁義其非人情乎! 自三代以下者, 天下何其囂囂也.

且夫待鉤繩規矩而正者, 是削其性者也；待繩約膠漆而固者, 是侵其德者也；屈折禮樂, 呴俞仁義, 以慰天下之心者, 此失其常然也. 天下有常然. 常然者, 曲者不以鉤, 直者不以繩, 圓者不以規, 方者不以矩, 附離不以膠漆, 約束不以纆索. 故天下誘然皆生, 而不知其所以生；同焉皆得, 而不知其所以得. 故古今不二, 不可虧也. 則仁義又奚連連如膠漆纆索而遊乎道德之間爲哉! 使天下惑也!

夫小惑易方, 大惑易性. 何以知其然邪? 有虞氏招仁義以撓天下也, 天下莫不奔命於仁義. 是非以仁義易其性與? 故嘗試論之：自三代以下者, 天下莫不以物易其性矣! 小人則以身殉利；士則以身殉名；大夫則以身殉家；聖人則以身殉天下. 故此數子者, 事業不同, 名聲異號, 其於傷性以身爲殉, 一也.

臧與穀, 二人相與牧羊而俱亡其羊. 問臧奚事, 則挾策讀書；問穀奚事, 則博塞以遊. 二人者, 事業不同, 其於亡羊均也.

伯夷死名於首陽之下, 盜蹠死利於東陵之上. 二人者, 所死不同, 其於殘生傷性均也. 奚必伯夷之是而盜蹠之非乎?

天下盡殉也：彼其所殉仁義也, 則俗謂之君子；其所殉貨財也, 則 俗謂之小人. 其殉一也, 則有君子焉, 有小人焉. 若其殘生損性, 則盜蹠亦伯夷已, 又惡取君子小人於其間哉!

且夫屬其性乎仁義者, 雖通如曾, 史, 非吾所謂臧也 ; 屬其性於五味, 雖通如俞兒, 非吾所謂臧也 ; 屬其性乎五聲, 雖通如師曠, 非吾所謂聰也 ; 屬其性乎五色, 雖通如離朱, 非吾所謂明也. 吾所謂臧者, 非所謂仁義之謂也, 臧於其德而已矣 ; 吾所謂臧者, 非所謂仁義之謂也, 任其性命之情而已矣 ; 吾所謂聰者, 非謂其聞彼也, 自聞而已矣 ; 吾所謂明者, 非謂其見彼也, 自見而已矣. 夫不自見而見彼, 不自得而得彼者, 是得人之得而不自得其得者也, 適人之適而不自適其適者也. 夫適人之適而不自適其適, 雖盜蹠與伯夷, 是同爲淫僻也. 餘愧乎道德, 是以上不敢爲仁義之操, 而下不敢爲淫僻之行也.

2. 마제(馬蹄)

말에 굴레를 씌우지 마라.

말은 발굽으로 서리와 눈을 밟고, 털이 있어 바람과 추위를 막는다. 배고프면 풀을 뜯고, 목마르면 물을 마시며, 긴 다리로 맘껏 달린다. 이것이 말의 진정한 본성이다.

비록 좋은 집이나 궁전은 말에게 아무 쓸모가 없다. 그런데 백락(伯樂)이 나타나 "나는 좋은 말을 만드는 명수다."라고 하면서 털을 지지고, 깎고, 발굽을 깎고,, 낙인을 찍고, 고삐를 매어 마구간에서 기르니, 죽는 말이 열에 두셋이 되었다.

굶기고 목마름을 이용하여 빨리 달리고 천천히 달리는 훈련을 시키며, 앞에는 재갈과 가슴받이로 조이고, 뒤로는 채찍으로 위협하여 죽는 말이 반이 넘었다.

도공(陶工)은 말한다. "나는 흙을 다루는 명수다. 둥근 그릇은 그림쇠에 꼭 들어맞고, 모난 그릇은 곱자에 딱 들어맞는다."

목수는 말한다. "나는 나무를 다루는 명수다. 굽은 것을 만들면 그림쇠에 딱 들어맞고, 곧은 것은 먹줄에 꼭 맞는다."

과연 찰흙과 나무가 그런 모양이 되고 싶어 할까?

그러나 대대로 이들을 칭송하기를, "백락은 말 다루는 명수라고 하고, 도공과 목수는 흙과 나무를 잘 다룬다."라고 하지만,

이 또한 천하를 다스리는 자의 과오라 할 것이다.

내가 생각건대, 천하를 잘 다스리는 자는 그런 것이 아니다. 세상 사람들에게는 그들의 본성이 있어 길쌈하여 옷을 짓고, 밭 갈아 먹는 것이 그것이다.

이것을 일컬어 '동덕(同德)'이라 하고, 하나로 치우치지 않고 하늘에 맡기는 것을 '천방(天放)'이라고 한다. 그러므로 덕이 지극했던 시대에는 사람들의 걸음걸이가 유유자적하고 눈매는 밝고 환하다.

*마제(馬蹄) ; 말발굽.

■ 伯樂善治馬 (백락선치마)

"백락(伯樂)은 말 다루는 명수다."

【寓言】 말은 발굽으로 서리나 눈을 밟고, 털로 바람과 추위를 막으며, 풀을 뜯고 물을 마시며, 발을 높이 들고 뛰어다닐 수 있으니, 이것이 말의 진정한 성정이다. 높은 누대나 호화로운 저택 같은 것은 쓸모가 없다. 그런데 백락이, "나는 말을 다루는 명수다." 라면서 털을 지지고, 깎고, 발굽을 다듬고, 낙인을 찍고, 굴레를 씌우고, 마구간에 줄줄이 다리를 묶어 놓으니, 죽는 말이 열에 두세 마리가 되었다. 또한 굶기고, 목마르게 하고, 달리게 하고, 뛰게 하고, 정렬시키고, 가지런히 하니, 앞에는 재갈이나 가슴받이 장식의 괴로움이 있고, 뒤에는 채찍이나 회초리의 위협이 있어, 죽는 말이 절반을 넘었다.

【寓言】 백락일고(伯樂一顧) ; 명마가 백낙을 만나 세상에 알려진다는 뜻으로, 자기의 재능을 알아주는 사람을 만나 대접을 잘 받음을 이르는 말.

백락(伯樂)은 원래 별(星) 이름이다. 이 별은 하늘에서 말을 다스리는 일을 맡고 있기 때문에 남의 말의 좋고 나쁜 것을 잘 아는 사람을 『백락』이라고 부르게 되었다. 하루 천 리를 달릴 수 있는 말도 이를 알아주는 사람이 없으면 짐수레를 끌며 늙고 만다는 뜻이다. 즉 아무리 재주가 뛰어난 사람도 이를 알아주는 사람이 없으면 출세를 하지 못함을 이르는 말이다.

《전국책》에 이런 이야기가 있다.

"어떤 사람이 백락을 만나 말하기를, '제게 준마가 한 필 있어 지난번에 팔려고 했습니다. 그러나 사흘이나 저잣거리에 내놓았지만, 누구 한 사람 거들떠보지도 않더군요. 청컨대 제 말을 한번 살펴보아 주십시오. 사례는 충분히 하겠습니다.' 했습니다. 그래서 백락이 가서 그 말을 한번 살펴보고는 돌아갔습니다. 그러자 말 값이 갑자기 열 배로 치솟으며 서로 사겠다고 아우성을 쳤다는 것입니다."

이 이야기에서 "백락이 한번 돌아보았다(伯樂一顧)"는 성구가 나왔는데, 아무리 역량이 탁월한 사람도 뛰어난 사람의 인정을 받아야 그 가치가 드러난다는 뜻으로 사용되고 있다.

■ 至德之世(지덕지세)

"최상의 덕으로 다스려지는 세상."

【寓言】 덕이 지극했던 시대에는 사람들의 걸음걸이가 유

유자적하고, 눈매는 밝고 환했다. 그런 시절에는 산에는 따로 길이 없었고, 연못에는 배나 다리가 없었다. 만물이 무리지어 생겨나 서로 이웃하며 살았다. 새와 짐승도 무리를 이루었고, 초목은 한껏 자랐다. 그래서 새와 짐승들은 사람을 경계하지 않아 함께 노닐 수 있었고, 새둥지를 손으로 끌어당겨 들여다 볼 수도 있었다.

무릇 덕이 지극했던 세상에서는 짐승들과 더불어 살면서 만물과 무리지어 나란히 살았으니, 어찌 군자와 소인의 구별이 있었겠는가. 모두가 그런 것을 알지 못했으니, 그 덕이 떠나지 않았다. 모두가 욕심이 없으니 이를 일러 소박함이라고 한다. 이러한 소박함이면 백성들의 본성은 유지될 수 있었다(夫至德之世 同與禽獸居 族與萬物並 惡乎知君子小人哉 同乎無知 其德不離 同乎無欲 是謂素樸 素樸而民性得矣).

순 박 부 잔 숙 위 희 존

■ 純樸不殘 孰爲犧尊

"자연 그대로의 통나무를 자르지 않고서 어느 누가 술잔과 같은 제기를 만들 수 있었겠는가!"

*樸 ; 통나무, 소박하다, 순박하다.

*殘 ; 술잔. 잔인하다.

*孰 ; 누구.

*犧 ; 술그릇(제기), 희생(犧牲).

*尊 ; 그릇, 높다, 높이다, 공경하다.

【寓言】 통나무 원목을 자르지 않고 어느 누가 술잔과 같은 제기를 만들 수 있었겠는가. 백옥을 훼손하지 않고서 어느 누가 규(珪)나 장(璋)을 만들 수 있었겠는가. 도덕을 폐하지 않고 어떻게 인의를 취할 것이며, 성(性)과 정(情)은 서로 떨어지지 않는데, 어떻게 예악을 취할 것인가(純樸不殘 孰爲犧尊 白玉不毁 孰爲珪璋 道德不廢 安取仁義 性情不離 安用禮樂).

오색(五色)을 어지럽게 섞지 않고 누가 무늬를 만들 수 있으며, 오성(五聲)을 어지럽게 섞지 않으면 누가 육률(六律)* 에 맞추겠는가(五色不亂 孰爲文采 五聲不亂 孰應六律).

*육률(六律) ; 십이율(十二律) 가운데 양성(陽聲)에 속하는 여섯 가지 소리. 곧, 태주(太蔟·太簇)·고선(姑洗)·황종(黃鍾)·이칙(夷則)·무역(無射)·유빈(蕤賓).

■ 殘樸以爲器 工匠之罪 毁道德以爲仁義 聖人之過
잔박이위기 공장지죄 훼도덕이위인의 성인지과

"통나무를 잘라서 그릇을 만드는 것은 장인(匠人)의 죄이고, 도덕을 훼손하여 인의(人義)를 만든 것은 성인의 허물이다."

【寓言】 그것은 자연을 훼손하고 있기 때문이다. 박(樸), 즉 산에서 벌채해서 나온 그대로의 통나무 둥치는 자신이 생각하기에는 잘리거나 깎이는 것은 성가심을 당하는 것이니, 그 모습 그대로 두는 것을 바랄 것이다.

소박함을 지키면 백성들의 본성이 유지된다. 그런데 성인이 나타나서 애써 인을 행하게 하고, 발돋움하여 의를 행하게 하니 마침내 세상이 의혹을 품기 시작하였다.

"도덕을 버리지 않고 어떻게 인의를 취할 것이며, 타고난 본성을 버리지 않고 어떻게 예악을 취할 것인가! 오색을 어지럽게 섞지 않고 누가 무늬를 만들 수 있으며, 오성을 어지럽게 섞지 않으면 누가 육률(六律)에 맞추겠는가! '무릇 통나무를 잘라 그릇을 만드는 것은 목수의 죄이고, 도덕을 훼손하여 인의를 만드는 것은 성인의 허물이다(夫殘樸以爲器 工匠之罪也 毁道德以爲仁義 聖人之過也).' "

2. 馬蹄

馬, 蹄可以踐霜雪, 毛可以禦風寒. 齕草飲水, 翹足而陸, 此馬之真性也. 雖有義台路寢, 無所用之. 及至伯樂, 曰 : "我善治馬." 燒之, 剔之, 刻之, 雒之. 連之以羈縶, 編之以皂棧, 馬之死者十二三矣! 饑之渴之, 馳之驟之, 整之齊之, 前有橛飾之患, 而後有鞭生筴之威, 而馬之死者已過半矣!

陶者曰 : "我善治埴." 圓者中規, 方者中矩. 匠人曰 : "我善治木." 曲者中鉤, 直者應繩. 夫埴木之性, 豈欲中規矩鉤繩哉! 然且世世稱之曰 : "伯樂善治馬, 而陶匠善治埴木." 此亦治天下者之過也. 吾意善治天下者不然. 彼民有常性, 織而衣, 耕而食, 是謂同德. 一而不黨, 命曰天放.

故至德之世, 其行填填, 其視顛顛. 當是時也, 山無蹊隧, 澤無舟梁 ; 萬物群生, 連屬其鄉 ; 禽獸成群, 草木遂長. 是故禽獸可系羈而遊, 鳥鵲之巢可攀援而窺. 夫至德之世, 同與禽獸居, 族與萬物並. 惡乎知君子小人哉! 同乎無知, 其德不離 ; 同乎無欲, 是謂素樸. 素樸而民性得矣. 及至聖人, 蹩躠爲仁, 踶跂爲義, 而天下始疑矣. 澶漫爲樂, 摘僻爲禮, 而天下始分矣. 故純樸不殘, 孰爲犧尊! 白玉不毀, 孰爲珪璋! 道德不廢, 安取仁義! 性情不離, 安用禮樂! 五色不亂, 孰爲文采! 五聲不亂, 孰應六律! 夫殘樸以爲器, 工匠之罪也, 毁道德以爲仁義, 聖人之過也.

夫馬陸居則食草飮水, 喜則交頸相靡, 怒則分背相踶. 馬知已此矣! 夫加之以衡扼, 齊之以月題, 而馬知介倪闉扼鷙曼詭銜竊轡. 故馬之知而能至盜者, 伯樂之罪也. 夫赫胥氏之時, 民居不知所爲, 行不知所之, 含哺而熙, 鼓腹而遊. 民能已此矣! 及至聖人, 屈折禮樂以匡天下之形, 縣跂仁義以慰天下之心, 而民乃始踶跂好知, 爭歸於利, 不可止也. 此亦聖人之過也.

3. 거협(胠篋)

갈고리를 훔친 자는 주살되고,
나라를 훔친 자는 제후가 된다.

상자를 열고 주머니를 뒤지고 궤짝을 뜯는 도둑을 지키기 위해서는 반드시 끈이나 줄을 당겨 잘 잡아매고 빗장을 단단히 채운다. 이것이 이른바 세상에서 말하는 지혜이다.

그러나 큰 도둑은, 궤짝을 통째로 등에 지고 자루째 둘러메고 달아나면서 오로지 끈이나 줄, 빗장이나 자물쇠가 견고하지 않을까 걱정한다. 그렇다면 앞서 말한 지혜라는 것은 큰 도둑을 위해서 마련한 것이 아니겠는가?

그러니 한번 따져 보자. 세상에서 이른바 지혜라는 것이 큰 도둑을 위해 도와준 꼴이 아니겠는가? 이른바 성(聖)이란 것이 큰 도둑을 위해 지켜 준 것이 아니겠는가? 어떻게 그렇다는 것을 알 수 있는가?

옛날 제나라는 이웃 마을이 서로 바라보이며 닭 우는 소리와 개 짖는 소리가 서로 들리고, 그물을 쳐 고기를 잡는 곳과 쟁기와 보습으로 일구는 논밭이 사방 2천 리에 달했다.

나라 안 곳곳에 종묘와 사직을 세우고, 읍(邑) · 옥(屋) · 주(州) · 려(閭) · 향(鄕) · 곡(曲) 등의 고을을 구석구석까지 다스림에 어찌 성인을 본받지 않았겠는가?

그러나 전성자(田成子)가 하루아침에 제나라 임금을 죽이고 그 나라를 훔쳤으니, 훔친 것이 어찌 나라뿐이었겠는가. 성인과 지혜로운 자가 이룩한 법도까지도 훔쳤다.

그 때문에 전성자는 도적이라는 이름을 얻었지만, 몸은 요순(堯舜)과 같이 평안함을 누렸으니, 작은 나라가 감히 비난하지 못하고, 큰 나라가 감히 정벌하지 못해서 열두 세대 동안이나 제나라를 지배하였으니, 이는 제나라를 훔쳤을 뿐만 아니라 성스러운 지혜의 법도까지 아울러 훔쳐서 도적의 몸을 지킨 것 아니겠는가?

*거협(胠篋) ; 상자를 열고 상자 안의 물건을 훔치다.

*읍(邑)·옥(屋)·주(州)·려(閭)·향(鄕)·곡(曲) ; 읍(邑 ; 12屋)·옥(屋 ; 300畝)·주(州 ; 125閭)·려(閭 ; 25家)·향(鄕 ; 5州)·곡(曲 ; 部落).

■ 爲大盜積(위대도적)

"큰 도둑을 위하여 재물을 쌓아놓는다."

【寓言】 상자를 열고 주머니를 뒤지고 궤짝을 여는 도둑에 대비하려면 반드시 끈으로 묶고, 자물쇠로 채운다. 이것이 세상에서 말하는 지혜이다. 그러나 큰 도둑은 궤짝을 지고 상자를 들고 주머니를 둘러메고 달아나면서, 오로지 끈과 자물쇠가 약하여 끊어지지 않을까 걱정한다. 그러니 세상의 이른바 지혜라는 것은 곧 큰 도둑을 위해 재물을 잘 꾸려두는 것이 아니겠는가(將爲胠篋探囊發匱之盜而爲守備 則必攝緘藤固扃鐍 此世俗之所謂知也 然而巨盜至 則負匱揭篋擔囊而趨 唯恐緘藤扃鐍之不固也 然則鄉之所謂知者 不乃爲大盜積者也)?

■ 盜亦有道乎(도역유도호)

"도둑질에도 도리(道)가 있는가?"

{도둑에게도 도둑의 도리(道理)가 있다는 뜻으로, 모든 것에는 합당한 도리가 있음을 비유한 말. }

선인부득성인지도불립 척부득성인지도불행
■ 善人不得聖人之道不立 蹠不得聖人之道不行

"착한 사람이라도 성인의 도를 얻지 못하면 홀로 설 수 없고, 도척이라도 성인의 도를 얻지 못하면 행세하지 못했으리라."

【寓言】 도역유도(盜亦有道) ; 도둑에게도 도둑의 도리(道理)가 있다는 뜻으로, 모든 것에는 합당한 도리가 있음을 비유한 말.

춘추시대 유명한 도둑 무리의 두목 도척(盜跖)의 말에 따르면, 도둑에게도 도(道)가 있다는 말이다.

"상자를 열고 부대자루를 뒤지고 궤짝을 들추는 도둑을 막으려면, 반드시 노끈으로 잡아매거나 빗장이나 자물쇠를 단단히 하면 된다. 이는 이른바 세상의 지혜라는 것이다. 큰 도둑이 오면 궤짝을 지고 상자를 들고 자루는 메고 달아나면서도 오히려 노끈이나 자물쇠가 튼튼하지 않을까를 걱정한다. 그렇다면 앞에서 말한바 지혜 있는 사람이란 오히려 큰 도둑을 위해 재물을 쌓아둔 사람이 아니겠는가?"

이는 군자라는 사람들이 제후나 왕이라는 큰 도둑을 위해 일한다는 말이다.

도척(盜跖)의 무리 가운데 한 명이 도척에게 물었다. "도둑질에도 도리(道)가 있습니까(盜亦有道乎)?"

도척이 대답했다. "어딘들 도(道)가 없겠느냐? 무릇 사람의 집안에 간직되어 있는 물건을 미루어 알아맞히는 것이 성(聖)이요, 솔선해 앞장서 나서는 것은 용(勇)이요, 훔치고 나올 때 뒤를 맡는 것은 의(義)요, 목적을 달성할 수 있을지 어떨지를 아는 것은 지(知)요, 훔친 것을 공평하게 분배하는 것은 인(仁)이다. 이 다섯 가지 도리를 갖추지 못하고서 큰 도둑이 된 일은 일찍이 세상에 없었다."

이로써 본다면 착한 사람이라도 성인의 도를 얻지 못하면 홀로 설 수 없고, 도척이라도 성인의 도를 얻지 못하면 행세하지 못했으리라(善人不得聖人之道不立 蹠不得聖人之道不行). 그런데 세상에는 착한 사람은 적고 착하지 않은 사람은 많으니, 성인이 천하를 이롭게 하는 일은 적고 해롭게 하는 일은 많다. 그러므로 '입술이 없으면 이가 시리고, 노나라의 술이 싱거우면 한단이 포위되고(脣竭則齒寒 魯酒薄而邯鄲圍),' 성인이 나타나면 큰 도둑이 일어나게 된다는 말이 있게 된 것이다. 성인을 배격하고 도둑들을 풀어줄 때 비로소 천하가 다스려진다.

무릇 냇물이 마르면 골짜기가 생겨나고, 언덕이 평탄해지면 연못이 메이는 법이다. 성인이 죽으면 큰 도둑이 일어나지 않아 천하가 평안해지고, 아무 탈도 없게 될 것이다. 성인이 죽지 않으면 큰 도둑이 없어지지 않을 것이므로, 비록 성인을 존중해 천하를 다스린다 하더라도 이는 곧 도척 같은 인간의 이득을 더욱 증대시키는 셈이 되는 것이다.

천하는 언제나 혼란스러운 것인데, 그 죄는 지혜를 좋아한 데 있다. 그러므로 세상 사람은 모두 자신이 알지 못하는 것을 추구하고 있는 줄 알면서도 그가 이미 알고 있는 것을 추구할 줄 모른다. 모두가 자신이 좋지 않다고 생각하는 것은 비난할 줄 알아도, 그가 이미 좋다고 생각하는 것은 비난할 줄 모른다. 그래서 큰 혼란이 일어나게 된 것이다.

그러므로 위로는 해와 달의 빛을 흐리게 하고, 아래로는 산천의 정기를 녹이며, 가운데로는 사계절의 운행을 파괴하여, 꿈틀거리는 벌레로부터 날아다니는 새에 이르기까지 그 본성을 잃지 않은 것이 없다.

심하도다! 지혜를 좋아함으로써 천하가 이토록 어지러워지다니. 삼대 이후로 이러했으니, 순박한 백성들을 버리고 교활한 자들을 좋아하며, 담백무욕한 생활을 버리고 수다스러운 말을 좋아하는데, 그렇듯 번다한 말들로 인해 세상이 이렇듯 혼란스러워진 것이다.

■ 脣竭則齒寒 魯酒薄而邯鄲圍
순갈즉치한 노주박이한단위

"입술이 없으면 이가 시리고, 노나라의 술이 싱거우면 한단이 포위된다."

*脣 ; 입술.

*竭 ; 다하다, 없어지다.

*薄 ; 엷다, 얇다, 싱겁다.

*邯鄲 ; 하북성 남서부 태행산맥 동쪽 기슭에 있는 도시.

*圍 ; 에워싸다, 둘러싸다, 포위하다.

【寓言】 입술과 입은 별개의 것이지만 관계가 이렇듯 깊다. 세상에는 언뜻 보기에는 아무 관계가 없어 보이지만, 불가분으로 연관되어 있다는 말이다. "입술이 없으면 이가 시리고, 노나라의 술이 싱거우면 한단이 포위된다(脣竭則齒寒, 魯酒薄而邯鄲圍)." 는 말이 그것이다.

춘추전국시대의 노(魯)나라는 지금의 산동성 서부에서 강소, 안휘 양 성을 영토로 하였던 나라이다. 당시 가장 번성한 도시였던 한단(邯鄲)은 전국시대 조(趙)나라의 수도로서, 지금의 하남성 남부이다.

BC 4세기 무렵 당시의 강대국 초(楚)나라 선왕이 제후들과 회합하였다. 제후들은 각각 공물을 가지고 회합에 참석하였다. 이때 노(魯) · 조(趙) 두 나라가 술을 헌상했다. 노나라의 술은 묽었고, 조나라의 술은 진했다. 그런데 초나라의 관리가 조나라에서 저렇게 좋은 술을 가지고 오면서 자기에게는 아무것도 주지 않는다 하여 화풀이로 노나라 술과 조나라 술을 바꿔서 선왕(宣王)에게 올렸다.

술을 바꾸어 놓은 것을 초나라 왕이 알지 못하고 조나라의 술이 싱겁다 하여 노한 초의 선왕이 조나라의 수도 한단을 포위하여 공격하게 된 것이다. 세상에는 서로 아무런 관계가 없는 일이라 여겨지는 것에도 인과관계가 있는 것이다. 전(轉)하여 남 때문에 뜻밖의 재난을 당함을 이르는 말이다.

절구자주 절국자위제후 제후지문이인의존언
■ 竊鉤者誅 竊國者爲諸侯 諸侯之門而仁義存焉

"갈고리를 훔친 자는 죽임을 당하지만, 나라를 훔친 자는 제후가 된다. 제후의 문중에 어찌 인의가 있다 하겠는가."

*竊 ; 훔치다.

*鉤 ; 갈고리.

【寓言】 절구자주(竊鉤者誅) ; 갈고리를 훔친 자는 사형을 당한다. 좀도둑이 도리어 엄벌을 받는다는 말.

갈고리를 훔친 자는 죽임을 당하지만, 나라를 훔친 자는 제후가 된다. 제후들의 문에는 인의가 있으니(竊鉤者誅 竊國者爲諸侯 諸侯之門而仁義存焉), 이는 곧 인의와 성인의 지혜를 훔친 것이다. 그 때문에 큰 도둑이라는 오명(惡名)을 떨쳐버리고 제후라는 이름을 내세워 인의를 훔치고 됫박과 저울, 부새의 이로움까지도 아울러 훔치는 자들이란 높은 관직으로 보상을 해 줘도 선을 권장할 수 없고, 도끼의 위협이 있다 하더라도 도둑질을 금지할 수 없다.

이렇듯 거듭 도척을 돕는 줄 알면서도 금하지 못하는 것이 곧 성인이 저지르는 잘못이라고 할 수 있다.

■ 絶聖旣知(절성기지)

"성스러우니 지혜로우니 하는 것들을 끊어버린다."

【寓言】 절성기지(絶聖棄知) ; 성스러움을 끊고 지혜를 버리면 백성의 이익이 백 배가 될 것이다. 인을 끊고 의를 버리면 백성이 다시 효도하고 자애할 것이다. 기교를 끊고 이익을 버리면 도적이 사라질 것이다.

옛말에 이르기를, "물고기는 심연을 벗어나면 안 되고, 나라의 이로운 기물은 남에게 보여주면 안 된다."라고 하였다.

무릇 성인은 세상의 이기이므로 만천하에 밝게 드러낼 것이 아니다. 그러므로 성(聖)과 지(知)를 끊어 버려야 큰 도둑이 사라지고, 옥을 버리고 구슬을 깨면 작은 도둑이 생기지 않을 것이다(絕聖棄知 大盜乃止 擲玉毁珠 小盜不起).

부새(符璽 ; 옥새)를 깨버려야 백성들이 소박함을 회복하며, 됫박을 쪼개고 저울을 부러뜨리면 백성들은 다투지 않을 것이다. 세상에 성인이 정한 법을 모두 없애 버리면 백성들은 비로소 서로 상의하게 될 것이다. 육률(六律)의 가락을 뒤섞고 피리와 거문고를 불태우고, 사광(師曠 ; 눈이 멀어 '고광(瞽曠)'이라고 한다)의 귀를 막아 버리면, 세상 사람들의 귀가 비로소 밝아질 것이다.

……

증삼(曾參)과 사추(史鰌 ; 춘추시대 위나라의 정치가로, 주군을 바르게 이끌지 못하였다고 하여 임종할 때 예를 차리지 않을 것을 아들에게 부탁해 주군으로 하여금 잘못을 깨닫게 한 고사로 유명하다)의 행실을 깎아 없애고, 양주(楊朱)와 묵적(墨翟)의 입을 막아 인의를 버리면 천하의 덕이 비로소 하나가 될 것이다.

사람들이 저마다 그 밝음을 안으로 지니면 세상이 어지럽지 않게 될 것이고, 사람들이 저마다 총명함을 안으로 지니면 천하는 번거롭지 않게 될 것이고, 사람들이 저마다 그 지혜를 안으로 지니면 천하는 현혹되지 않을 것이다."

《노자》 19장에도 이런 말이 있다.

"성스러우니 지혜로우니 하는 것들을 완전히 없애버리면, 백성들은 명예니 공로니 하는 것을 다투는 일이 없기 때문에 백 배나 더 이를 얻게 된다. 어질다든가 의롭다든가 하는 것을 다 없애버리면 백성들은 양심을 속이는 일이 없기 때문에 참다운 효도와 사랑을 할 수 있게 된다.

또 자연을 해치는 교묘한 것이라든가, 보다 편리한 물건을 만드는 일이 없으면 백성들은 배를 채우고 추위를 막는 것 외에 욕심을 부릴 것이 없게 되므로 자연 도둑이란 것이 있을 수 없다.

그러나 위에 말한 『성지(聖智)』니, 『인의(仁義)』니, 『교리(教理)』니 하는 것들은 그것만으로는 설명이 부족하다. 그래서 다시 덧붙여 설명을 하거니와, 결국 소박한 그대로를 두어 사사로운 욕심을 내지 않게 하는 것이다."

다시 말해서, 『절성기지』는 『소사과욕(小私寡欲)』을 뜻하고, 『소사과욕』은 곧 『무위자연(無爲自然)』으로 돌아가는 것이다. 이 『절성기지』의 사상을 그대로 받은 것이 《장자》 거협편이다.

■ 樂其俗 安其居
(낙기속 안기거)

"그 풍속을 즐거워하고 그 거처를 편안히 여긴다."

【寓言】 안거낙업(安居樂業) ; 편안히 살고 즐겁게 일한다는 뜻으로, 현재의 생활에 만족하면서 즐거운 마음으로 일하는 것을 비유하는 말이다.

옛날 용성씨(容成氏)·대정씨(大庭氏)·백황씨(伯皇氏)·중앙씨(中央氏)·율륙씨(栗陸氏)·여축씨(驪畜氏)·헌원씨(軒轅氏)·혁서씨(赫胥氏)·존로씨(尊盧氏)·축융씨(祝融氏)·복희씨(伏犧氏)·신농씨(神農氏) 등 열두 제왕이 천하를 다스렸던 시대가 있었다.

그 시대에는 백성들이 새끼줄을 묶어서 서로 뜻을 전달하면서 자기들이 먹는 음식을 달게 여겼으며 자기들이 입는 옷을 아름답게 여겼으며, '자기들의 풍속을 즐거워했으며, 자기들이 사는 집을 편안하게 여겼다(甘其食 美其服 樂其俗 安其居).'

이웃 나라가 서로 바라다 보이고 닭 우는 소리와 개 짖는 소리가 서로 들릴 정도였는데도, 백성들은 늙어 죽을 때까지 서로 오가지 않았다(鄰國相望 雞狗之音相聞 民至老死而不相往來).

이 시대야말로 지극히 잘 다스려진 시대였다.

《노자(老子)》에도, "그 풍속에 맞춰 편안하게 지내고 자신의 생업에 즐거워한다(安其俗 樂其業)." 는 말이 나온다. 그런데 당시 노자, 장자 등의 이러한 논조는 여러 고장의 백성들이 자급자족할 수 있다면 서로 교류하지 않아도 무방하다는 의미가 내포된 것이었는데, 오늘날의 입장에서 본다면 이런 폐쇄적인 경제관은 재고의 여지가 있다고 할 것이다.

그렇기 때문에 한(漢)나라 때의 역사가 사마천(司馬遷)은 그의 저서 《사기》 화식열전(貨殖列傳)에서 노자의 이러한 견해에 찬성하지 않았던 것이다.

3. 胠篋

將爲胠篋探囊發匱之盜而爲守備, 則必攝緘縢, 固扃鐍, 此世俗之所謂知也. 然而巨盜至, 則負匱揭篋擔囊而趨, 唯恐緘縢扃鐍之不固也. 然則鄕之所謂知者, 不乃爲大盜積者也?

故嘗試論之 : 世俗之所謂知者, 有不爲大盜積者乎? 所謂聖者, 有不爲大盜守者乎? 何以知其然邪? 昔者齊國鄰邑相望, 雞狗之音相聞, 罔罟之所布, 耒耨之所刺, 方二千餘里. 闔四竟之內, 所以立宗廟社稷, 治邑屋州閭鄕曲者, 曷嘗不法聖人哉? 然而田成子一旦殺齊君而盜其國, 所盜者豈獨其國邪? 並與其聖知之法而盜之, 故田成子有乎盜賊之名, 而身處堯舜之安. 小國不敢非, 大國不敢誅, 十二世有齊國, 則是不乃竊齊國 並與其聖知之法 以守其盜賊之身乎?

嘗試論之 : 世俗之所謂至知者, 有不爲大盜積者乎? 所謂至聖者, 有不爲大盜守者乎? 何以知其然邪? 昔者龍逢斬, 比幹剖, 萇弘胣, 子胥靡. 故四子之賢而身不免乎戮. 故蹠之徒問於蹠曰 : "盜亦有道乎?" 蹠曰 : "何適而無有道邪? 夫妄意室中之藏, 聖也 ; 入先, 勇也 ; 出後, 義也 ; 知可否, 知也 ; 分均, 仁也. 五者不備而能成大盜者, 天下未之有也."

由是觀之, 善人不得聖人之道不立, 蹠不得聖人之道不行. 天下之善人少而不善人多, 則聖人之利天下也少而害天下也多. 故曰：脣竭則齒寒, 魯酒薄而邯鄲圍, 聖人生而大盜起. 掊擊聖人, 縱舍盜賊, 而天下始治矣.

夫川竭而穀虛, 丘夷而淵實. 聖人已死, 則大盜不起, 天下平而無故矣! 聖人不死, 大盜不止. 雖重聖人而治天下, 則是重利盜蹠也. 爲之斗斛以量之, 則並與斗斛而竊之；爲之權衡以稱之, 則並與權衡而竊之；爲之符璽以信之, 則並與符璽而竊之；爲之仁義以矯之, 則並與仁義而竊之. 何以知其然邪? 彼竊鉤者誅, 竊國者爲諸侯, 諸侯之門而仁義存焉, 則是非竊仁義聖知邪? 故逐於大盜, 揭諸侯, 竊仁義並斗斛權衡符璽之利者, 雖有軒冕之賞弗能勸, 斧鉞之威弗能禁. 此重利盜蹠而使不可禁者, 是乃聖人之過也.

故曰："魚不可脫於淵, 國之利器不可以示人." 彼聖人者, 天下之利器也, 非所以明天下也. 故絶聖棄知, 大盜乃止；擲玉毁珠, 小盜不起；焚符破璽, 而民樸鄙；掊斗折衡, 而民不爭；殫殘天下之聖法, 而民始可與論議；擢亂六律, 鑠絶竽瑟, 塞瞽曠之耳, 而天下始人含其聰矣；滅文章, 散五采, 膠離朱之目, 而天下始人含其明矣. 毁絶鉤繩而棄規矩, 攦工倕之指, 而天下始人有其巧矣. 故曰：大巧若拙.

削曾, 史之行, 鉗楊, 墨之口, 攘棄仁義, 而天下之德始玄同矣. 彼人含其明, 則天下不鑠矣；人含其聰, 則天下不累矣；人含其知, 則天下不惑矣；人含其德, 則天下不僻矣. 彼曾, 史, 楊, 墨, 師曠, 工倕, 離朱者, 皆外立其德而爚亂天下者也, 法之所無用也.

子獨不知至德之世乎? 昔者容成氏, 大庭氏, 伯皇氏, 中央氏, 栗陸氏, 驪畜氏, 軒轅氏, 赫胥氏, 尊盧氏, 祝融氏, 伏戲氏, 神農氏, 當是時也, 民結繩而用之. 甘其食, 美其服, 樂其俗, 安其居, 鄰國相望, 雞狗之音相聞, 民至老死而不相往來. 若此之時, 則至治已. 今遂至使民延頸擧踵, 曰 "某所有賢者", 贏糧而趣之, 則內棄其親而外去其主之事, 足跡接乎諸侯之境, 車軌結乎千里之外. 則是上 好知之過也!

上誠好知而無道, 則天下大亂矣! 何以知其然邪? 夫弓弩畢弋機變之知多, 則鳥亂於上矣；鉤餌罔罟罾笱之知多, 則魚亂於水矣；削格羅落罝罘之知多, 則獸亂於澤矣；知詐漸毒, 頡滑堅白, 解垢同異之變多, 則俗惑於辯矣. 故天下每每大亂, 罪在於好知.

故天下皆知求其所不知而莫知求其所已知者, 皆知非其所不善而莫知非其所已善者, 是以大亂. 故上悖日月之明, 下爍山川之精, 中墮四時之施, 惴耎之蟲, 肖翹之物, 莫不失其性.

甚矣, 夫好知之亂天下也! 自三代以下者是已! 舍夫種種之機而悅夫役役之佞; 釋夫恬淡無爲而悅夫啍啍之 意, 啍啍已亂天下矣!

4. 재유(在宥)

무궁(無窮)의 문으로 들어가,
무극(無極)의 들판에서 노닌다.

천하를 있는 그대로 내버려둔다는 말은 들었어도 천하를 다스린다는 말은 듣지 못했다. 있는 그대로 둔다는 것은 천하 그 바탕을 어지럽힐까 걱정하기 때문이요, 내버려둔다는 것은 천하가 그 타고난 덕을 바꿀까 두려워하기 때문이다. 천하가 그 바탕을 어지럽히지 않고 그 덕을 바꾸지 않는데, 굳이 천하를 다스릴 이가 어디 있겠는가?

옛날 요(堯)가 천하를 다스림에 세상 사람들을 기쁘게 해주고 그 본성을 즐기도록 했으나, 이는 편안한 일이 아니었다.

걸(桀)이 천하를 다스림에 백성을 고달프게 만들고 그 본성을 괴롭게 했으니, 이는 기쁜 일이 아니었다.

무릇 편안하지 않고 기쁘지 않은 것은 덕이 아니다. 덕이 아니면서 영원한 것은 세상에 없는 것이다.

사람들이 지나치게 기뻐하면 자연의 양기(陽氣)가 손상되고, 지나치게 화를 내면 자연의 음기(陰氣)가 손상된다.

음양(陰陽)이 모두 손상되면 사계절이 제때에 이르지 않으며, 춥고 더운 계절의 조화가 제대로 이루어지지 않으면 도리어 사람의 몸을 손상하게 된다!

사람이 기쁨과 노함의 마땅함을 잃고 거처가 일정하지 않으면 스스로 생각을 할 수 없고, 중용(中庸)을 이룰 수 없게 된다.

이리하여 세상 사람들은 불평불만이 늘어나고, 도척, 증삼, 사추(史鰌)와 같은 자들의 행위가 나타나게 된 것이다.

그러므로 세상의 재물을 모두 착한 자에게 주어도 상이 모자라고, 세상의 형벌을 모두 악한 자에게 주어도 벌이 모자라게 되는 것이다. 이렇듯 세상이 아무리 광대해도 상과 벌을 주기에는 부족하다.

하 · 은 · 주 3대 이후로 떠들썩하게 상벌을 일삼고 있지만, 저들이 어느 겨를에 타고난 본성의 자연스런 실정(實情)에 마음 편히 머물 수 있겠는가!

*재유(在宥) ; 무위(無爲)의 다스림, 만물을 있는 그대로 있게 하고 그 본성에 어떤 간섭도 가하지 않는 것을 말한다.

■ 在宥天下(재유천하)

"천하를 있는 그대로 둔다."

*宥 ; 너그럽다. 관용하다, 관대히 봐주다.

【寓言】 천하를 있는 그대로 놓아둔다는 말은 들었어도 천하를 다스린다는 말은 듣지 못했다(聞在宥天下 不聞治天下也). 천하를 있는 그대로 두는 까닭은 천하 사람들이 타고난 본성을 어지럽힐까 염려해서이고, 놓아두는 까닭은 천하 사람들이 타고난 덕을 바꿀까 염려해서이다.

천하 사람들이 자기 본성을 어지럽히지 않고 자신의 덕을 바꾸지 않는다면 굳이 천하를 다스릴 일이 있겠는가?

무위자연의 정치에 대응하는 것은 여러 가지의 법률이나 도덕규범을 인위적으로 설정하여 거기에 꿰맞추려는 정치, 즉 이른바 유위(有爲)의 정치이다. 따라서 무위자연의 정치는 유위(有爲)의 정치를 부정하는 데서 성립한다.

유(宥)는 모든 것을 너그러이 허락하고 자연에 맡겨두고 있는 그대로 내버려둔다는 말이다.

■ 嚆矢(효시)

"우는 화살."

*噶 ; 울리다, (소리가) 나다.

【寓言】 효시(嚆矢) ; 사물의 시초.

『효시(嚆矢)』는 소리 나는 화살을 말한다. 향전(響箭)이라고도 한다. 옛날 중국에서는 이 우는 화살을 적진에 쏘아 보냄으로써 개전(開戰)의 신호로 삼았다고 한다. 그로부터 모든 것의 시초나 선례를 가리켜 『효시』라 말하게 되었다. 비슷한 성구로 『남상(濫觴)』과 『비조(鼻祖)』가 있다.

"지금 세상은 처형당한 사람의 시체가 서로 베개를 하고, 차꼬를 찬 사람이 서로를 밀며, 형벌을 받아 죽음을 당할 사람이 서로를 바라보고 있다.

그런데도 유가(儒家)와 묵가(墨家)의 사람들은 이런 차꼬를 찬 사람들 사이를 오가면서 발가락이 빠지도록 팔을 걷어붙이고 있다.

오호라 심하구나! 반성할 줄도 모르고, 부끄러운 줄도 모른다. 심하구나! 나는 성인의 지혜가 죄인의 목에 거는 큰 칼과 발에 거는 차꼬가 되지 않고, 또 이른바 인(仁)이니 의(義)니 하는 것이 차꼬와 수갑의 빗장이 되지 않은 예를 알지 못한다.

효도로 유명한 증삼(曾參)과 강직하기로 유명한 사추(史鰌)가 폭군 걸(桀)과 가장 큰 도둑인 도척(蹠)의 효시가 아니란 것을 어떻게 알 수 있겠는가(焉知曾 史之不爲桀 蹠嚆矢也). 그러므로 이르기를, '성(聖)을 끊고, 지(知)를 버려야 천하가 크게 다스려진다(絕聖棄知 而天下大治)' 고 말하는 것이다."

역시 큰 강물도 그 근원은 술잔이 넘칠 정도의 작은 물에서 시작한다는 뜻의 『남상(濫觴)』은 모든 사물이나 일의 시초, 근원을 일컫는다.

*사추(史鰌) ; 춘추시대 위나라의 정치가로, 주군을 바르게 이끌지 못하였다고 하여 자신이 임종할 때 예를 차리지 말 것을 아들에게 부탁해 주군으로 하여금 잘못을 깨닫게 한 고사로 유명하다.

■ 達於至道(달어지도)

"참된 도에 도달한다."

무위로써 자연에 맡길 수 있게 되었을 때 비로소 달(達)한다고 말할 수 있다.

【寓言】 황제(黃帝)는 천자가 된 지 19년이 지났고, 그의 정령(政令)은 천하에 시행되고 있었다. 선인(仙人) 광성자(廣成子)가 공동산(空同山)에 있다는 소식을 듣고 그를 방문해서

그 근본정신을 물었다.

"내가 듣자니, 선생께서는 참된 도에 달하셨다(達於至道)고 하니, 그 최고의 도의 정수에 대하여 감히 묻고자 합니다. 나는 천지의 정기로 오곡(五穀)이 자라도록 돕고, 백성들을 부양하고 싶습니다. 또 나는 음양을 다스려 만물이 그 생명을 다 누리도록 하고 싶습니다. 그러자면 어떻게 해야 하겠습니까?"

광성자가 대답했다. "당신이 묻고자 하는 것은 사물의 본질인데, 당신이 하고자 하는 일은 사물을 해치는 일입니다. 당신이 천하를 다스린 이후로 구름이 모이기도 전에 비가 내리고, 나무와 풀은 단풍이 들기도 전에 떨어지고, 해와 달의 빛도 더욱 황폐하여 빛을 잃었습니다. 당신은 말만 앞서는 간교한 사람이니, 내 어찌 진정한 도에 대해 말해줄 수 있겠습니까?"

광성자는 중국 서방에 위치한 공동산(空同山)의 석실(石室)에서 선도를 닦으며 살고 있었는데, 황제(黃帝) 헌원이 찾아와 도를 물으니 가르침을 내렸다고 한다. 삼황오제의 하나로 추앙받는 황제에게 가르침을 주었다는 점에서 여러모로 중요시되는 선인이다.

■ 入無窮之門 以遊無極之野
입무궁지문 이유무극지야

"무궁(無窮)의 문으로 들어가 무극(無極)의 들판에서 노닌다."

【寓言】 황제가 선인(仙人) 광성자에게 세상을 어떻게 다스려야 할지에 물은 데 대해서 광성자가 한 대답이다.

"지금 세상에서 왕성하게 생장하는 만물은 모두 흙에서 나와 흙으로 돌아갑니다. 그 때문에 나도 이제 곧 당신을 떠나 무궁한 문으로 들어가 끝없이 광대한 들판에서 노닐고자 합니다(入無窮之門 以遊無極之野). 나는 해와 달과 함께 빛나고 천지와 함께 영원할 것이니, 사람들이 나에게 가까이 다가오더라도 어지러워서 보이지 않을 것이며, 나에게서 멀리 떨어지더라도 어두워서 보이지 않을 것입니다. 사람들이 다 죽고 나면 나만 홀로 남을 것입니다."

대자연과 일체가 되어서 삼라만상 속에 녹아들어가 버린다. 이것이 노장(老莊)의 이상적 삶이다.

■ 浮遊不知所求 猖狂不知所往 遊者鞅掌 以觀無妄
부유부지소구 창광부지소왕 유자앙장 이관무망

"뜬구름처럼 노닐 뿐 무엇을 찾는지도 알지 못하고, 마음내키는 대로 돌아다니면서 어디로 갈 바도 모르면서 노는 것이 바빠 아무것도 보는 것이 없다.”

*猖狂 ; 마음 내키는 대로 행동함.

*鞅掌 ; 바쁜 모양.

【寓言】 운장(雲將 ; 구름을 의인화한 가공의 인물)이 구름처럼 동쪽으로 유람하면서 부요(扶搖 ; 회오리바람) 아래를 지나다가 마침 홍몽(鴻蒙 ; 만물의 근원인 氣를 의인화한 가공의 인물)을 만났다.

홍몽은 배를 두드리며 참새처럼 뛰어놀고 있었다. 운장은 그것을 보고 놀라 걸음을 멈추고 말했다. “노인장은 누구십니까? 여기서 무얼 하고 계십니까?”

홍몽은 배를 두드리며 뛰는 것을 멈추지 않고 운장에게 말했다. “놀고 있다네.”

운장이 말했다. “제가 여쭈어보고 싶은 것이 있습니다.”

홍몽은 운장을 힐끗 쳐다보고 말했다. “그러시오.”

운장이 말했다. “천기(天氣)는 조화를 이루지 못하고, 지기(地氣)는 꽉 막혀 펴지지 못하며, 육기(六氣 ; 陰·陽·風·雨·晦·明)는 조화를 잃고, 사시(四時 ; 봄·여름·가을·겨울) 또한 절도가 없습니다. 그래서 지금 저는 육기의 정수를 모아 만물을 생육시키고자 합니다. 어떻게 하면 되겠습니까?”

홍몽은 배를 두드리고 뛰면서 고개를 저었다. “난 몰라, 모른다고.”

운장은 더 물어볼 수가 없었다. 삼 년이 지난 후 동쪽으로 유람하며 송(宋)나라의 들을 지나다가 또 다시 홍몽을 만났다. 운장은 크게 기뻐하며 재빨리 그 앞에 나아가 말했다.

“하늘같은 분께서 저를 잊으셨습니까? 하늘같은 분이시여, 저를 잊으셨습니까(天忘朕邪 天忘朕邪)?”

두 번 절을 하고 고개를 조아리며, 홍몽에게 가르침을 청했다.

홍몽이 말했다. “뜬구름처럼 노닐 뿐 무엇을 찾는지도 알지 못하고, 마음 내키는 대로 돌아다니면서 어디로 갈 바도 모르면서 노는 것이 바빠 아무것도 보는 것이 없네. 그런 내가 또 무엇을 알겠는가(浮遊不知所求 猖狂不知所往 遊者鞅掌以觀無妄 朕又何知)!”

*천망짐야(天忘朕邪) ; 天은 여기서 홍몽에 대한 극존칭.

세속지인 개희인지동호기 이오인지이어기야

■ 世俗之人 皆喜人之同乎己 而惡人之異於己也

“세속인은 모두 자기와 같은 생각을 하는 사람을 좋아하고, 자기와 다른 생각을 하는 사람을 싫어한다.”

{사람들은 모두 남들보다 뛰어나고자 하는 마음을 가지고 있기 때문에 보통사람(衆人)이 되는 것이다. 만약 내가 역시 남들보다 뛰어나고자 하면 다른 사람들과 다를 바가 없기 때문에 뛰어날 수가 없는 것이다. 무릇 사람들은 모두가 상대보다 뛰어나고 싶어 하지만, 나만 홀로 언제 어디에서나 뭇 사람들과 같아지려고 하면 뭇 사람들보다 두드러지면서 지도자가 된다.}

■ 有大物者 不可以物
유대물자 불가이물

"만물을 소유하고 지배하는 자(有大物者)는 단순한 하나의 사물(物)이어서는 안 된다."

【寓言】 한 나라를 소유하고 있는 자는 만물을 지배하는 자다. '만물을 지배하는 자는 단순한 하나의 물(物)이어서는 안 된다(有大物者 不可以物).' 그 자신 하나의 물(物 ; 存在)이면서 物을 초월하고 있다. 그러므로 物을 物로서 존재하게 할 수 있다. 物을 物로서 존재하게 하는 것이 단순한 物의 차원의 존재가 아님을 밝게 자각한다면 어찌 다만 천하 백성들을 다스릴 정도일 뿐이겠는가!

■ 出入六合 遊乎九州 獨往獨來
是謂獨有 獨有之人 是謂至貴

(출입육합 유호구주 독왕독래 시위독유 독유지인 시위지귀)

"천지사방을 자유로이 드나들며, 온 나라 안을 마음껏 노닐고 다니되, 홀로 가고 홀로 올 것이니, 이런 경지를 홀로 존재함이라고 하니, 이 홀로 존재하는 이를 일러 지극히 귀한 존재라고 한다."

*六合 ; 천지와 사방(四方).

*九州 ; 나라의 영토.

【寓言】 한 나라를 가진 자는 만물을 가진 것이다. 만물을 소유하고 지배하는 자(有大物者)는 단순한 하나의 물(物)이어서는 안 된다. 하나의 물(物 : 존재)이면서 물(物)을 초월하고 있다. 그 때문에 物을 物로서 존재케 할 수 있다. 物을 物로서 존재하게 하는 것이 단순한 物의 존재가 아님을 밝게 자각한다면 이것이 어찌 천하의 백성을 다스리는 데 해당될 뿐이겠는가!

천지 사방을 마음대로 드나들고 온 나라 안을 노닐며 자유자재로 오고 갈 수 있다. 이를 일컬어 독유(獨有)라 하며, 홀로 존재하는 사람을 지극히 귀한 존재라고 한다(出入六合, 遊乎九州 獨往獨來 是謂獨有 獨有之人 是之謂至貴).

천이불가불임자 물야 비이불가불인자 민야
■ 賤而不可不任者 物也 卑而不可不因者 民也

"하찮아도 스스로에게 맡길 수밖에 없는 것이 사물이고, 낮고 낮아도 스스로에게 의지할 수밖에 없는 것이 백성이다."

【寓言】 하찮아도 스스로에게 맡길 수밖에 없는 것이 사물이고, 낮고 낮아도 스스로에게 의지할 수밖에 없는 것이 백성이다.

보이지 않아도 할 수 밖에 없는 것이 일이고, 거칠어도 펼 수밖에 없는 것이 법(法)이다.

멀지만 늘 있을 수밖에 없는 것이 의(義)이고, 가깝지만 지키지 않을 수 없는 것이 인(仁)이다.

절제해야 하지만 쌓을 수밖에 없는 것이 예(禮)이고, 중용을 따라 야합하지만, 높일 수밖에 없는 것이 덕(德)이다.

오로지 유일한 것 같으나 바뀌는 것이 도(道)이고, 신묘하여도 지키지 않을 수밖에 없는 것이 하늘이다.

(賤而不可不任者 物也 卑而不可不因者 民也
匿而不可不爲者 事也 麤而不可不陳者 法也
遠而不可不居者 義也 親而不可不廣者 仁也
節而不可不積者 禮也 中而不可不高者 德也

一而不可不易者 道也 神而不可不爲者 天也)

그러므로 성인은 하늘을 살피되 조장하지 않고, 덕을 이루되 얽매이지 않으며, 도(道)를 따르되 계교를 꾸미지 않는다.

인(仁)에 부합하지만 의지하지 아니하며, 의(義)로움을 널리 옮게 하되 쌓아두지 않고, 예(禮)를 지키면서도 얽매이지 않는다.

일을 접하되 사양하지 않고, 덕으로 백성을 대하면서도 어지럽히지 않고, 법을 고르게 펼 뿐 어지럽히지 않는다.

백성에 의지하되 가벼이 여기지 않고, 사물을 용도대로 쓰되 버리지 않는다.

사물은 따르지만, 소홀히 여기지는 않는다. 사물이란 상대하기는 족하지 않지만, 상대하지 않을 수 없다.

하늘에 밝지 못한 자는 덕이 있어도 순수하지 못하고, 도에 통달하지 못한 자는 되는 일이 없다. 도에 밝지 못하다는 것은 슬픈 일이다.

무위이존자 천도야 유위이루자 인도야

■ 無爲而尊者 天道也 有爲而累者 人道也

"아무것도 하지 않고도 귀하게 받들어지는 것이 천도이고, 무엇인가 하면서도 얽매이는 것이 인도이다."

【寓言】 무엇을 도라고 하는가? 천도(天道)가 있고, 인도(人道)가 있다. '무위(無爲), 곧 자연 그대로 있으면서 크고 존엄한 일을 하는 것이 천도이고, 유위(有爲), 곧 여러 작위(作爲)함에 얽매이는 것이 인도이다(無爲而尊者 天道也 有爲而累者 人道也).' 군주는 천도이고 신하는 인도이다. 천도와 인도는 서로 멀리 떨어져 있으나, 서로 살피지 않아서는 안 되는 것이다.

4. 在宥

聞在宥天下, 不聞治天下也. 在之也者, 恐天下之淫其性也；宥之也者, 恐天下之遷其德也. 天下不淫其性, 不遷其德, 有治天下者哉? 昔堯之治天下也, 使天下欣欣焉人樂其性, 是不恬也；桀之治天下也, 使天下瘁瘁焉人苦其性, 是不愉也. 夫不恬不愉. 非德也；非德也而可長久者, 天下無之.

人大喜邪, 毗於陽；大怒邪, 毗於陰. 陰陽並毗, 四時不至, 寒暑之和不成, 其反傷人之形乎! 使人喜怒失位, 居處無常, 思慮不自得, 中道不成章. 於是乎天下始喬詰卓鷙, 而後有盜蹠, 曾, 史之行. 故舉天下以賞其善者不足, 舉天下以罰其惡者不給. 故天下之大不足以賞罰. 自三代以下者, 匈匈焉終以賞罰爲事, 彼何暇安其性命之情哉!

而且說明邪, 是淫於色也；說聰邪, 是淫於聲也；說仁邪, 是亂於德也；說義邪, 是悖於理也；說禮邪, 是相於技也；說樂邪, 是相於淫也；說聖邪, 是相於藝也；說知邪, 是相於疵也. 天下將安其性命之情, 之八者, 存可也, 亡可也. 天下將不安其性命之情, 之八者, 乃始臠卷猖囊而亂天下也. 而天下乃始尊之惜之. 甚矣, 天下之惑也! 豈直過也而去之邪! 乃齊戒以言之, 跪坐以進之, 鼓歌以餘儛之. 吾若是何哉!

故君子不得已而臨莅天下, 莫若無爲. 無爲也, 而後安其性命之情. 故貴以身於爲天下, 則可以托天下；愛以身於爲天下, 則可以寄天下. 故君子苟能無解其五藏, 無擢其聰明, 尸居而龍見, 淵默而雷聲, 神動而天隨, 從容無爲而萬物炊累焉. 吾又何暇治天下哉!

崔瞿問於老聃曰："不治天下, 安藏人心?" 老聃曰："女愼, 無 攖人心. 人心排下而進上, 上下囚殺, 淖約柔乎剛強, 廉劌雕琢, 其熱焦火, 其寒凝冰, 其疾俯仰之間而再撫四海之外. 其居也, 淵而靜；其動也, 縣而天. 僨驕而不可系者, 其唯人心乎! 昔者黃帝始以仁義攖人之心, 堯, 舜於是乎股無胈, 脛無毛, 以養天下之形. 愁其五藏以爲仁義, 矜其血氣以規法度. 然猶有不勝也. 堯於是放囗調節讙兜於崇山, 投三苗於三峗, 流共工於幽都, 此不勝天下也. 夫施及三王而天下大駭矣. 下有桀, 蹠, 上有曾, 史, 而儒墨畢起. 於是乎喜怒相疑, 愚知相欺, 善否相非, 誕信相譏, 而天下衰矣；大德不同, 而性命爛漫矣；天下好知, 而百姓求竭矣. 於是乎斤鋸制焉, 繩墨殺 焉, 椎鑿決焉. 天下脊脊大亂, 罪在攖人心. 故賢者伏處大山嵁岩之下, 而萬乘之君憂栗乎廟堂之上. 今世殊死者相枕也, 桁楊者相推也, 形戮者相望也, 而儒墨乃始離跂攘臂乎桎梏之間. 意, 甚矣哉! 其無愧而不知恥也甚矣! 吾未知聖知之不爲桁楊椄槢也, 仁義之不爲桎梏鑿枘也, 焉知曾, 史之不爲桀, 跖嚆矢也! 故曰：絶聖棄知, 而天下大治.

黃帝立爲天子十九年, 令行天下, 聞廣成子在於空同之上, 故往見之, 曰："我聞吾子達於至道, 敢問至道之精. 吾欲取天地之精, 以佐五穀, 以養民人. 吾又欲官陰陽以遂群生, 爲之奈何?" 廣成子曰："而所欲問者, 物之質也；而所欲官者, 物之殘也. 自而治天下, 雲氣不待族而雨, 草木不待黃而落, 日月之光益以荒矣, 而佞人之心翦翦者, 又奚足以語至道!" 黃帝退, 捐天下, 築特室, 席白茅, 閒居三月, 複往邀之. 廣成子南首而臥, 黃帝順下風膝行而進, 再拜稽首而問曰："聞吾子達於至道, 敢問：治身奈何而可以長久?" 廣成子蹶然而起, 曰："善哉問乎! 來, 吾語女至道：至道之精, 窈窈冥冥；至道之極, 昏昏默默. 無視無聽, 抱神以靜, 形將自正. 必靜必清, 無勞女形, 無搖女精, 乃可以長生. 目無所見, 耳無所聞, 心無所知, 女神將守形, 形乃長生. 愼女內, 閉女外, 多知爲敗. 我爲女遂於大明之上矣, 至彼至陽之原也；爲女入於窈冥之門矣, 至彼至陰之原也. 天地有官, 陰陽有藏. 愼守女身, 物將自壯. 我守其一以處其和. 故我修身千二百歲矣, 吾形未常衰." 黃帝再拜稽首曰："廣成子之謂天矣!" 廣成子曰：

“來! 餘語女：彼其物無窮, 而人皆以爲有終；彼其物無測, 而人皆以爲有極. 得吾道者, 上爲皇而下爲王 ；失吾道者, 上見光而下爲土. 今夫百昌皆生於土而反於土. 故餘將 去女, 入無窮之門, 以遊無極之野. 吾與日月參光, 吾與天地爲常. 當我緡乎, 遠我昏乎! 人其盡死, 而我獨存乎!”

雲將東遊, 過扶搖之枝而適遭鴻蒙. 鴻蒙方將拊髀雀躍而遊. 雲將見之, 倘然止, 贄然立, 曰：“叟何人邪? 叟何爲此?”鴻蒙拊髀雀躍不輟, 對雲將曰：“遊!”雲將曰：“朕願有問也.”鴻蒙仰而視 雲將曰：“籲!”雲將曰：“天氣不和, 地氣鬱結, 六氣不調, 四時不節. 今我願合六氣之精以育群生, 爲之奈何?”鴻蒙拊髀雀躍掉頭 曰：“吾弗知! 吾弗知!”雲將不得問. 又三年, 東遊, 過有宋之野, 而適遭鴻蒙. 雲將大喜, 行趨而進曰：“天忘朕邪? 天忘朕邪?”再拜稽首, 願聞於鴻蒙. 鴻蒙曰：“浮遊不知所求, 猖狂不知所往, 遊者鞅掌, 以觀無妄. 朕又何知!”雲將曰：“朕也自以爲猖狂, 而民隨予所往；朕也不得已於民, 今則民之放也! 願聞一言.”鴻蒙曰：“亂天之經, 逆物之情, 玄天弗成, 解獸之群而鳥皆夜鳴, 災及草木, 禍及止蟲. 意! 治人之過也.”雲將曰：“然則吾奈何?”鴻蒙曰：“意! 毒哉! 僊僊乎歸矣!”雲將曰：“吾遇天難, 願聞一言.”鴻蒙曰：“意! 心養! 汝徒處無爲, 而物自化. 墮爾形體, 吐爾聰明, 倫與物忘, 大同乎涬溟. 解心釋神, 莫然無魂. 萬物雲雲, 各復其根, 各復其根而不知. 渾渾沌沌, 終身不離. 若彼知之, 乃是離之. 無問其名, 無窺其情, 物固自生.” 雲將曰: “天降朕以德, 示朕以默. 躬身求之, 乃今得也.” 再拜稽首, 起辭而行.

世俗之人, 皆喜人之同乎己而惡人之異於己也. 同於己而欲之, 異於己而不欲者, 以出乎衆爲心也. 夫以出乎衆爲心者, 曷常出乎衆哉? 因衆以寧所聞, 不如衆技衆矣. 而欲爲人之國者, 此攬乎三王之利而不見其患者也. 此以人之國僥幸也. 幾何僥幸而不喪人之國乎? 其存人之國也, 無萬分之一; 而喪人之國也, 一不成而萬有餘喪矣! 悲夫, 有土者之不知也! 夫有土者, 有大物也. 有大物者, 不可以物. 物而不物, 故能物物. 明乎物物者之非物也, 豈獨治天下百姓而已哉! 出入六合, 遊乎九州, 獨往獨來, 是謂獨有. 獨有之人, 是之謂至貴.

大人之教, 若形之於影, 聲之於響, 有問而應之, 盡其所懷, 爲天下配. 處乎無響. 行乎無方. 挈汝適復之, 撓撓以遊無端, 出入無旁, 與日無始. 頌論形軀, 合乎大同. 大同而無己. 無己, 惡乎得有有. 睹有者, 昔之君子; 睹無者, 天地之友.

賤而不可不任者, 物也; 卑而不可不因者, 民也; 匿而不可不爲者, 事也; 粗而不可不陳者, 法也; 遠而不可不居者,義也；親而不可不廣者, 仁也；節而不可不積者, 禮也；中而不可不高者, 德也；一而不可不易者, 道也；神而不可不爲者, 天也. 故聖人觀於天而不助, 成於德而不累, 出於道而不謀, 會於仁而不恃, 薄於義而不積, 應於禮而不諱, 接於事而不辭, 齊於法而不亂, 恃於民而不輕, 因於物而不去. 物者莫足爲也, 而不可不爲. 不明於天者, 不純於德；不通於道者, 無自而可；不明於道者, 悲夫! 何謂道? 有天道, 有人道. 無爲而尊者, 天道也；有爲而累者, 人道也. 主者, 天道也；臣者, 人道也. 天道之與人道也, 相去遠矣, 不可不察也.

5. 천지(天地)

지인(至人)은 자신을 비워 세상에 노닌다.

하늘과 땅이 비록 크다 하지만 그 조화는 균등하고, 만물이 비록 많다고 하지만 그 다스림은 하나이며, 백성이 비록 많지만 그 주관하는 이는 군주이다. 군주는 덕을 근거로 하늘에 의해 이루어진 것이다.

그래서 오랜 옛날에 천하를 다스리는 군주는 아무것도 함이 없었다고 말하는 것이니, 이것이 비로 하늘 덕을 실천했을 따름이다.

도(道)로써 말을 살펴보면 천하의 군주는 바르게 되고, 도로써 분수를 살펴보면 군신의 도리가 분명해지며, 도로써 능력을 살펴보면 천하의 관직은 다스려지니, 도로써 두루 살핌에 만물에 대한 대응이 갖춰질 것이다.

그러므로 하늘과 소통하는 것이 도이고, 땅을 따르는 것이 덕이고, 만물에 두루 행해지는 것이 의(義)이며, 윗자리에서 사람을 다스리는 것이 정사(事)이고, 재능이 많은 것을 유능한 것으로 여기는 것은 기술에 지나지 않으니, 기술은 정사와 아우르고, 정사는 의(義)와 아우르고, 의는 덕과 아우르고, 덕은 도와 아우르고, 도는 하늘과 아우르게 된다.

그래서 옛말에, "옛날 천하를 다스린 군주는 스스로 무욕(無欲)하여 세상 사람의 삶이 충족되었으며, 스스로 무위(無爲)하여 만물이 저절로 조화를 이루었고, 깊은 연못처럼 고요하여 백성이 안정되었다." 라고 하였고, 기록에도 이르기를, '하나로 통하면 만사가 다 이루어지고, 무심(無心)을 얻으면 귀신도 감복한다.' 고 하였던 것이다.

*하늘(天)을 강조하고 있는 이 편의 내용은 도가(道家)와 유가(儒家)의 만남의 형식이 뚜렷하다. 하늘(天)의 강조는 이 편뿐만 아니라 〈천도(天道)〉 편에도 현저하게 나타나는데, 이런 점은 유가와 도가의 사상적 융합을 모색하고 있다는 것을 볼 수 있다.

불요수 불애요 불영통 불추궁
■ 不樂壽 不哀夭 不榮通 不醜窮

“오래 사는 것을 기뻐하지 않고, 일찍 죽는 것을 슬퍼하지 않으며, 출세를 해도 그 지위를 영광으로 생각하지 않고, 곤궁해도 그 처지를 부끄러워하지 않는다.”

*通 ; 관로가 열려 벼슬길에 나아감.

*醜 ; 수치스럽다.

【寓言】 선생이 말했다. “무릇 도란 만물을 덮어주고 실어주는 것이니 넓고도 크다. 군자는 마음을 도려내지 않으면 안 되니, 무위로써 행하는 것을 천(天)이라 하고, 무위로써 말하는 것을 덕(德)이라 하며, 사람을 사랑하고 만물을 이롭게 하는 것을 인(仁)이라 하고, 같지 않은 것을 같게 보는 것을 대(大)라 하며, 행동이 모나거나 특이하지 않은 것을 관(寬)이라 하고, 만 가지가 다른 것을 부(富)라고 한다.

그래서 덕을 지키는 것을 기(紀)라 하고, 덕이 이루어지는 것을 입(立)이라 하며, 도를 따르는 것을 비(備)라 하고, 외물에 의해 뜻을 꺾지 않는 것을 완(完)이라 한다.

군자가 이 열 가지에 밝을 수 있다면 그 마음 씀씀이가 크게 베풀어지니, 만물을 포용하여 마음을 크게 세울 수 있으며, 덕택이 성대하게 베풀어져 만물이 모여들 것이다.

그 같은 사람은, 황금은 산속에 그대로 간직되어 있고, 구슬은 연못에 가라앉아 있듯이, 재물을 이익으로 여기지 않고, 부귀를 가까이하지 않는다. '오래 살기를 기꺼워하지 않고, 죽음을 슬퍼하지 않으며, 출세 영달을 자랑으로 생각하지 않고, 가난을 부끄러워하지 않는다(不樂壽 不哀夭 不榮通 不醜窮).'

평생 이익 되는 일에 얽매이지 않고 자기 분수에 따를 것이다. 천하의 임금이 되는 것도 영예스런 자리라고 생각지 않을 것이다. 영예로운 것은 밝게 드러난다. 삶이나 같은 모양이다. 만물은 한 가지 세계에 놓여있고, 죽음이나 삶이나 같은 모양이다."

여기서 선생(夫子)은 공자로 추측된다.

■ 視乎冥冥 聽乎無聲(시호명명 청호무성)

"캄캄한 어둠 속에서 사물을 보고, 소리 없는 고요 속에서 소리를 듣는다."

*冥冥 ; 어두컴컴하다, 아득하고 그윽하다.

【寓言】 선생님께서 말씀하셨다. "……캄캄한 가운데서 보며, 고요한 정적 속에서 귀 기울이니 캄캄한 어둠 속에서

홀로 새벽빛을 보며, 소리 없는 정적 속에서 홀로 커다란 소리를 듣는다. 그 때문에 깊고 깊으면서도 만물을 만물로 존재케 하고, 신묘하고 신묘하면서도 만물이 정묘(精妙)케 한다(視乎冥冥 聽乎無聲 冥冥之中 獨見曉焉 無聲之中 獨聞和焉 故深之又深 而能物焉 神之又神而能精焉). 그러므로 만물과 접촉할 때 스스로 완전한 無이면서도 만물의 요구를 충족시킬 수 있으니, 나그네가 때때로 말을 타고 달리면서 잠잘 곳을 찾는 것처럼 대소와 장단(大小長短)에 맞추어 마침내 만물이 영원히 쉴 곳을 찾아 준다.

{여기서 부자(夫子)는 공자로 추측된다.}

다남자즉다구 부즉다사 수즉다욕

■ 多男子則多懼 富則多事 壽則多辱

"자식이 많으면 걱정거리가 많고, 부자가 되면 일이 많아 번거롭고, 오래 살면 욕된 일이 많다."

【寓言】 수즉다욕(壽則多辱) ; 사람이 오래 살다 보면 별의별 욕을 다 겪게 된다.

요(堯)임금이 화(華)라는 변경에 이르렀을 때의 일이다. 국경을 지키는 관문지기가 공손히 머리를 숙이며 말했다. "오, 성인이시여, 삼가 임금님께서는 만수무강하시기를."

그러자 요는 손을 내저으며 말했다. “아니야, 나는 오래 살기를 바라지 않네.”

“그러시다면 임금님의 부가 더욱 더해지시기를.”

“아니야, 나는 부를 더하고 싶은 생각은 꿈에도 하지 않네.”

“그러시다면 임금님의 자손이 번창하시기를.”

“아닐세. 그것도 나는 바라지 않는 일이야.”

관문지기가 그 이유를 묻자, 요임금이 말했다. “자식이 많으면 못난 자식도 있어 걱정의 씨앗이 되고(多男子則多懼), 부자가 되면 쓸데없는 일이 많아져 번거롭고(富則多事), 오래 살면 욕된 일이 많지 않겠는가(壽則多辱). 이 세 가지는 어느 것이나 덕을 쌓는 데 도움이 못되니 사양하는 것이네.”

“자식이 많으면 못난 자식도 있어 걱정의 씨앗이 된다(多男子則多懼).”라는 말에서 『무자식상팔자(無子息上八字)』라는 성어가 생겨났다.

■ 天世厭世(천세염세) 去而上仙(거이상선) 乘彼白雲(승피백운) 至於帝鄕(지어제향)

“천 년을 살다가 세상이 싫어지면 하늘에 올라 신선이 되어, 흰 구름을 타고 하늘나라에 가서 사는 것도 좋지 않겠는지."

【寓言】 위 항의 요임금의 대답에 관문지기가 말했다.

"나는 처음 임금님께서 성인인 줄 알았더니 고작 군자밖에 되지 못하는군요. 하늘은 만민이 태어날 때 반드시 할 일을 줍니다. 자식이 아무리 많아도 각자 할 일을 맡으면 무슨 걱정입니까?

부자가 되면 남에게 나눠주면 되지 무엇이 번거롭습니까? 무릇 성인은 메추라기처럼 정해진 거처도 없고, 주는 대로 먹으며, 새처럼 거칠 것 없이 날아다니는 법이지요.

세상에 도가 베풀어지면 모든 사람들과 함께 번영을 누리고, 도가 베풀어지지 않으면 덕을 닦아 한가롭게 사는 것도 좋으며, '천 년을 살다가 세상이 싫어지면 하늘에 올라 신선이 되어, 흰 구름을 타고 하늘나라에 가서 사는 것도 좋지 않겠습니까(千歲厭世 去而上仙 乘彼白雲 至於帝鄕).' 거기에는 '세 가지 근심{三患 ; 걱정거리(懼), 번거로운 일(事), 치욕스러움(辱)}도 없을 테니 아무리 오래 산들 또 무슨 욕된 일이 있겠습니까?"

말을 마친 관문지기는 홀연히 떠나갔다. 요임금이 서둘러 그를 뒤쫓아가서 불렀다. "더 가르침을 청하오."

관문지기가 말했다. "그냥 돌아가시오!"

장자는 이 우화로써 유가적(儒家的) 성인인 요임금과 대비시켜 가며 『도(道)』의 세계에서 사는 도가적(道家的) 자유자재인(自由自在人) 성인의 모습을 시사하려고 했던 것이다.

■ 一之所起 有一而未形

“하나(一)가 여기서 생겨나, 하나(一)는 있었으나 아직 형체는 없었다.”

【寓言】 태초에는 무(無)만 있었고 존재하는 것(有)은 아무것도 없었고 이름조차 없었다. 하나(一)가 여기서 생겨나 하나(一)는 있었으나, 그 형체는 아직 갖추지 못하였다.

이윽고 만물이 이 하나(一)를얻어서 생겨났는데, 이것을 덕(德)이라 한다. 아직 형체도 갖추지 않은 상태 속에서 구분이 있기는 하지만, 잠시도 끊이지 않고 나뉘었는데, 이것을 명(命)이라 한다.

그것이 머무르고 움직여서 만물을 낳는데, 물(物)이 이루어져 이치(理)가 나타나는 것, 이것을 형(形)이라 한다. 이 형체가 정신을 보유하니, 각각 고유한 법칙성을 가지게 되는데 이것을 성(性)이라 한다. 성이 닦여져 덕(德)으로 돌아가고, 덕이 지극해지면 처음과 같아짐에 이르게 될 것이니, 같아지면 모든 것이 비게 되고, 비면 곧 대(大)가 될 것이니, 새처럼 지저귀던 부리를 닫고 침묵할 것이다. 부리를 닫고 침묵하며 천지와 합하여, 완전하게 합일이 이루어지면 흐릿하고 혼미한 듯 보이니, 이를 일러 현덕(玄德)이라 하는데, 위대한 순응(順應)에 동화하는 것이다.

당랑지노 비이당거철
■ 螳螂之怒 臂以當車轍

"버마재비가 성이 나 앞다리를 들어 수레바퀴를 치려고 달려든다."

【寓言】 당랑거철(螳螂車轍) ; "사마귀가 수레바퀴를 막는다" 는 뜻으로, 자기의 힘은 헤아리지 않고 강자에게 함부로 덤빈다는 말이다.

장여면(將閭勉)이 계철(季徹)을 만나 말했다. "노나라 왕이 내게 가르침을 받고 싶다고 하기에 몇 번 사양하다가 '반드시 공손히 행동하고, 공정하며 곧은 사람을 발탁하여 사심이 없게 하면 백성은 자연히 유순해질 것입니다.' 라고 말했습니다. 이 말이 과연 맞는 말이었는지 모르겠습니다."

계철은 껄껄 웃으며 말했다. "당신이 한 말은 제왕의 덕과 비교하면 마치 버마재비가 앞발을 치켜올리며 수레바퀴에 맞서는 것 같아서 도저히 감당해 내지 못할 것입니다(螳螂之怒臂以當車轍 則必不勝任矣). 또 그런 짓을 하다가는 스스로를 위험에 빠뜨리게 되고 집안에 번거로운 일이 많아지며, 장차 모여드는 자가 많아질 것입니다."

이것은 세속적인 충고는 제왕의 도를 오히려 그르칠 수 있다는 말이다.

제왕(帝王)의 덕에 견주어 볼 때 마치 버마제비가 팔뚝을 휘둘러 수레에 맞서는 것과 같다.

〈인간세〉 편에는, 맥락은 다소 다르지만 이 부분과 유사한 표현이 나온다.

"앞발을 들고 수레바퀴에 맞서 자신이 감당할 수 없음을 알지 못한다(怒其臂 以當車轍 不知其不勝任也)."라고 하는 표현이 나온다. 자신의 힘은 헤아리지 않고 강자에게 함부로 덤빈다는 말이다. 이 장에서는 제왕과 성인이 천하를 지배하는 道를 말하고 있다.

착수이입정 포옹이출관
■ 鑿隧而入井 抱甕而出灌

"땅을 파서 만든 우물에 들어가 항아리에 물을 담아 안고 나와 밭에 물을 준다."

【寓言】 포옹관휴(抱甕灌畦) ; “항아리를 안고 밭에 물을 준다.” 라는 뜻으로, 뒤떨어진 상태에서 더 나은 방법을 찾지 않고 습관대로 하는 태도나, 우둔하고 졸렬한 방법을 비유하는 말이다.

자공(子貢)이 한수(漢水) 남쪽을 지나는데, 한 노인이 밭에 물을 주고 있었다. 노인은 땅을 파서 만든 우물로 들어가 항아리에 물을 퍼 담아서 안고 나와 물을 주고 있었다(鑿隧而入井 抱甕而出灌).

자공이 보기에 힘은 많이 드는 데 비해 그 효과는 작아 보였다. 그래서 자공은 노인에게 두레박틀을 이용하면 훨씬 효율적으로 밭에 물을 줄 수 있다고 말했다.

그러자 노인은 얼굴빛을 붉혔다가 웃으면서 말했다. “나는 내 스승에게 듣기를, ‘기계를 갖게 되면 반드시 기계로 인한 일이 생기고, 기계로 인한 일이 생기면 반드시 기계로 인한 욕심(機心)이 생긴다(有機械者必有機事 有機事者必有機心).’ 고 들었소. 기심(機心)이 마음속에 있으면 순수함이 갖추어지지 못하고, 순수함이 갖추어지지 못하면 본성이 안정을 잃게 된다오. 내가 그것의 편리함을 모르는 바는 아니지만, 부끄럽게 생각하여 쓰지 않을 뿐이라오.”

자공은 얼굴을 붉히며 응대할 말을 찾지 못하였다.

자공이 노인에게 일을 편하게 하는 방법을 알려주려다가 거꾸로 노인으로부터 정성을 들여 일을 하는 것이 기계적인 편리함보다 훨씬 더 중요하다는 깨달음을 얻었다는 내용이다.

그러나 여기서 유래된 『포옹관휴』는 원래의 내용과는 무관하게 뒤떨어진 생각이나 방법을 개량하려고 하지 않는 태도나 우둔하고 졸렬한 방법, 또는 들이는 노력에 비하여 효과가 적은 것을 비유하는 성어로 사용된다.

유기계자필유기사 유기사자필유기심
■ 有機械者必有機事 有機事者必有機心

“기계가 있으면 그 기계 탓으로 일이 생기고, 그러면 기계에 사로잡혀버리는 마음이 생긴다.”

*機心 ; 기계지심(機械之心), 기회를 보고 움직이는 마음.

{공자의 제자 자공(子貢)이 초(楚)나라를 지나던 중 한 노인이 우물을 파고 속에 들어가 항아리에 물을 담아 나와서 힘들게 밭에 물을 주고 있는 모습을 보았다. 이를 안타깝게 여긴 자공이 기계를 설치하면 물푸기가 쉬울 것이고, 그 기계가 두레박이라고 했다. 그러나 노인은 기계를 갖게 되면 그 기계 탓으로 일이 생기고 그렇게 되면 기계에 사로잡혀 버리는 마

음이 생기게 되어 결국 본성이 안정되지 못하게 될 것이라고 대답한다.

정보화시대의 청사진에만 무분별하게 빠져드는 우리의 모습을 예견한 장자의 역설이다.}

■ 風波之民(풍파지민)

"마음이 쉬 흔들리는 사람."

【寓言】 노인의 말에 망연해진 자공이 부끄러워 고개를 숙인 채 대답을 못하자, 삼시 후 밭일 하던 노인이 말했다.

"당신은 무얼 하는 사람이오?"

자공이 대답했다. "공구(孔丘 ; 공자)의 제자입니다."

노인이 말했다. "당신은 박학(博學)함으로써 성인을 흉내내고, 허망한 말로써 사람들 눈을 가리고, 홀로 거문고를 타며 서글픈 노래를 불러 세상에 명성을 파는 자가 아니오? 이제라도 당신은 허황된 마음을 버리고, 빈 껍질인 육체를 버리면 도(道)와 가까워질 것이오. 자신의 몸도 다스리지 못하면서, 어느 겨를에 세상을 다스릴 수 있겠소. 그만 가보시오. 내 밭일 방해하지 말고."

자공은 부끄러움에 낯빛이 창백해져서 멍해 있다가 30여리를 가서야 제정신이 들었다.

자공의 제자가 물었다. “아까 그 분은 누구십니까? 선생님은 그를 만나고 나서 얼굴빛이 창백해져 하루 종일 정신을 잃고 계십니까?"

자공이 말했다. “처음에 나는 우리 선생님이 천하제일인 줄 알았다. 또 그런 분이 또 있는 줄은 미처 알지 못했다. 내가 선생님께 들은 바로는, ‘일은 옳은 것을 구하고, 공은 이루어질 수 있는 것을 구하며, 힘은 적게 들이고 효과는 큰 것이 성인의 도(事求可 功求成 用力少 見功多者 聖人之道)’ 라는 것이었다. 그런데 이제 와서 돌이켜보니 그렇지가 않구나. 도를 굳게 지키면 덕이 온전하게 되고, 덕이 온전하면 육체가 온전하고, 육체가 온전하면 정신이 온전하고, 정신이 온전한 것이 곧 성인의 도인 것이다.

그분은 삶을 세상에 맡긴 채 백성과 함께 가지만, 어디로 가는지 모른 채 아무런 구애도 없이 순박하고 완전하므로 공명과 이익 그리고 기교 같은 것은 분명 그의 마음에는 존재하지 않는다. 그와 같은 사람은 그의 뜻에 맞지 않으면 하지 않고, 그의 마음에 맞지 않으면 행하지 않는다. 비록 온 천하 사람들이 칭찬하더라도 그가 말하는 이익이 없으니 초연히 돌아보지 않고, 천하 사람들이 비난하더라도 그가 말하는 손실이 없으니 태연히 받아들이지 않는다. 천하 사람들의 비난이나 칭찬이 그에게 아무런 손실이 없기 때문이다. 이러한 사람이 온전한 덕을 지닌 사람이고, 나 같은 사람은 바람결에 출렁이는 물결과 같다고나 할 것이다(風波之民)."

자공(子貢)이 노인에게서 기심(機心)의 해를 설함을 듣고 크게 후회하여, 그 노인의 부동심(不動心)에 대해 자기를 이렇게 깨우쳤다고 제자에게 털어놓은 말이다. 기심(機心)이라 함은 기회를 보고 움직이는 마음을 말한다.

■ 上如標枝 民如野鹿
상 여 표 지 민 여 야 록

"윗사람은 높이 솟은 나뭇가지 같고, 백성은 들판의 사슴과도 같다."

【寓言】 덕이 지극한 세상에서는 현자라고 숭상하지 않았고, 재능이 있는 자라고 부리지 않았다. 그래서 '윗사람은 나뭇가지 끝과 같고, 백성들은 들판의 사슴과 같아서(上如標枝 民如野鹿)' 단정하게 행동하면서도 그것을 義라 자랑할 줄 몰랐고, 서로 사랑하면서도 그것을 仁이라 자랑할 줄 몰랐으며, 진실하게 행동하면서도 그것을 忠이라 자랑할 줄 몰랐으며, 마땅하게 행동하면서도 그것을 信이라 자랑할 줄 몰랐으

며, 벌레처럼 부지런히 움직여 서로 도와주면서도 그것을 베푸는 것이라 여기지 않았다.

이 때문에 행동함에 자취가 없었으며, 일을 해도 후세에 전해지지 않았다.

지기우자 비대우야 지기혹자 비불혹야
■ 知其愚者 非大愚也 知其惑者 非不惑也
대혹자 종신불해 대우자 종신불령
大惑者 終身不解 大愚者 終身不靈

"자신의 어리석음을 아는 자는 크게 어리석은 것은 아니며, 자신의 미혹을 아는 자는 크게 미혹된 것은 아니다. 크게 미혹된 자는 평생 깨닫지 못하고, 크게 어리석은 자는 평생 영명해지지 못한다."

【寓言】 번드레한 옷을 걸치고 교양 있게 행동하고 용모를 꾸며서 세상에 아첨하면서도 스스로 아첨한다고 생각하지 않는다. 세속의 사람들과 한 무리가 되어 옳고 그름을 함께 하고서도 스스로를 중인(衆人)이라고 말하지 않으니 지극히 어리석다.

'자기가 어리석음을 아는 자는 크게 어리석은 것은 아니며 자기가 미혹됨을 아는 자는 크게 미혹된 것은 아니다. 크게 미혹된 자는 종신토록 깨닫지 못하고, 크게 어리석은 자는

죽을 때까지 영명해지지 못한다(知其愚者 非大愚也 知其惑者 非不惑也 大惑者 終身不解 大愚者 終身不靈).'

세 사람이 함께 길을 가는데, 한 사람이 미혹(迷惑)하면 목적지에 이를 수는 있다. 미혹한 사람이 적기 때문이다. 하지만 두 사람이 미혹하면 애를 써도 목적지에 이르지 못할 것이니, 미혹한 사람이 더 많기 때문이다.

그런데 지금은 온 천하가 미혹되어 있는지라 내 비록 바라는 것이 있다 하더라도 얻을 수 없으니 또한 슬프지 아니한가!

■ 至言不出 俗言勝也 (지언불출 속언승야)

"지극한 말이 세상에 나타나지 않는 것은 속된 말이 득세하기 때문이다."

【寓言】 위 항에 이어, 훌륭한 음악은 속인의 귀에는 들리지 않지만, 절양(折楊)이나 황과(皇荂) 같은 저속한 노래는 웃고 즐긴다. 그런 까닭에 고상한 말은 백성들의 마음에 닿지 못한다. 지극한 말이 세상에 나타나지 않는 것은 속된 말이 득세하기 때문이다(至言不出 俗言勝也).

갈림길에서 길 잃은 자가 많아지면 목적지에 이르지 못하는 것과 같이, 지금은 온 세상이 길을 잃고 있으니 내가 비록 가고자 하는 목적지가 있은들 어찌 이를 수 있겠는가?

안 되는 줄 알면서도 억지를 쓴다면 그 또한 하나의 미혹이다. 그러므로 그대로 놓아둔 채 억지로 나아가지 않느니만 못하고, 억지로 나아가지 않으면 그 누가 근심하겠는가? 문둥병 환자는 한밤중에 자식을 낳으면 급히 등불을 비추어 보면서 마음을 졸이는 것은 자기를 닮았을까 두렵기 때문이다.

절양(折楊)과 황과(皇荂)는 모두 세속의 음악을 대표하는 악곡 명칭이다.

5. 天地

天地雖大, 其化均也；萬物雖多, 其治一也；人卒雖衆, 其主君也. 君原於德而成於天. 故曰：玄古之君天下, 無爲也, 天德而已矣. 以道觀言而天下之君正；以道觀分而君臣之義明；以道觀能而天下之官治；以道泛觀而萬物之應備. 故通於天地者, 德也；行於萬物者, 道也；上治人者, 事也；能有所藝者, 技也. 技兼於事, 事兼於義, 義兼於德, 德兼於道, 道兼於天. 故曰：古之畜天下者, 無欲而天下足, 無爲而萬物化, 淵靜而百姓定.《記》曰："通於一而萬事畢, 無心得而鬼神服."

夫子曰："夫道, 覆載萬物者也, 洋洋乎大哉! 君子不可以不刳心焉. 無爲爲之之謂天, 無爲言之之謂德, 愛人利物之謂仁, 不同同之之謂大, 行不崖異之謂寬, 有萬不同之謂富. 故執德之謂紀, 德成之謂立, 循於道之謂備, 不以物挫志之謂完. 君子明於此十者, 則韜乎其事心之大也, 沛乎其爲萬物逝也. 若然者, 藏金於山, 藏珠於淵；不利貨財, 不近貴富；不樂壽, 不哀夭；不榮通, 不醜窮. 不拘一世 之利以爲己私分, 不以王天下爲己處顯. 顯則明. 萬物一府, 死生同狀."

夫子曰："夫道, 淵乎其居也, 漻乎其清也. 金石不得無以鳴. 故金石有聲, 不考不鳴. 萬物孰能定之! 夫王德之人, 素逝而恥通於事, 立之本原而知通於神, 故其德廣. 其心之出, 有物采之. 故形非道不生, 生非德不明. 存形窮生, 立德明道, 非王德者邪! 蕩蕩乎! 忽然出, 勃然動, 而萬物從之乎! 此謂王德之人. 視乎冥冥, 聽乎無聲. 冥冥之中, 獨見曉焉；無聲之中, 獨聞和焉. 故深之又深而能物焉；神之又神而能精焉. 故其與萬物接也, 至無而供其求, 時騁而要其宿, 大小, 長短, 修遠."

黃帝遊乎赤水之北, 登乎昆侖之丘而南望. 還歸, 遺其玄珠. 使知索之而不得, 使離朱索之而不得, 使喫詬索之而不得也. 乃使象罔, 象罔得之. 黃帝曰："異哉, 象罔乃可以得之乎?"

堯之師曰許由, 許由之師曰齧缺, 齧缺之師曰王倪, 王倪之師曰被衣. 堯問於許由曰："齧缺可以配天乎? 吾藉王倪以要之." 許由曰："殆哉, 圾乎天下! 齧缺之爲人也, 聰明睿知, 給數以敏, 其性過人, 而又乃以人受天. 彼審乎禁過, 而不知過之所由生. 與之配天乎? 彼且乘人而無天. 方且本身而異形, 方且尊知而火馳, 方且爲緖使, 方且爲物絯, 方且四顧而物應, 方且應衆宜, 方且與物化而未始有恒. 夫何足以配天乎! 雖然, 有族有祖, 可以爲衆父而不可以爲衆父父. 治, 亂之率也, 北面之禍也, 南面之賊也."

堯觀乎華, 華封人曰:"嘻, 聖人! 請祝聖人, 使聖人壽." 堯曰 :"辭." "使聖人富." 堯曰:"辭." "使聖人多男子." 堯曰:"辭." 封人曰:"壽, 富, 多男子, 人之所欲也. 女獨不欲, 何邪?" 堯曰:"多男子則多懼, 富則多事, 壽則多辱. 是三者, 非所以養德也, 故辭." 封人曰:"始也我以女爲聖人邪, 今然君子也. 天生萬民, 必授之職. 多男子而授之職, 則何懼之有? 富而使人分之, 則何事之有? 夫聖人, 鶉居而鷇食, 鳥行而無彰. 天下有道, 則與物皆昌; 天下無道, 則修德就閑. 千歲厭世, 去而上仙, 乘彼白雲, 至於帝鄕. 三患莫至, 身常無殃, 則何辱之有?" 封人去之, 堯隨之曰:"請問." 封人曰:"退已!"

堯治天下, 伯成子高立爲諸侯. 堯授舜, 舜授禹, 伯成子高辭爲諸侯而耕. 禹往見之, 則耕在野. 禹趨就下風, 立而問焉, 曰:"昔堯治天下, 吾子立爲諸侯. 堯授舜, 舜授予, 而吾子辭爲諸侯而耕. 敢問其故何也?" 子高曰:"昔者堯治天下, 不賞而民勸, 不罰而民畏. 今子賞罰而民且不仁, 德自此衰, 刑自此立, 後世之亂自此始矣! 夫子闔行邪? 無落吾事!" 俋俋乎耕而不顧.

泰初有無, 無有無名. 一之所起, 有一而未形. 物得以生謂之德；未形者有分, 且然無間謂之命；留動而生物, 物成生理謂之形；形體保神, 各有儀則謂之性；性修反德, 德至同於初. 同乃虛, 虛乃大. 合喙鳴. 喙鳴合, 與天地爲合. 其合緡緡, 若愚若昏, 是謂玄德, 同乎大順.

夫子問於老聃曰："有人治道若相放, 可不可, 然不然. 辯者有言 曰:'離堅白, 若縣寓.' 若是則可謂聖人乎?" 老聃曰："是胥易技系, 勞形怵心者也. 執留之狗成思, 猿狙之便自山林來. 丘, 予告若, 而所不能聞與而所不能言：凡有首有趾, 無心無耳者衆；有形者與無形無狀而皆存者盡無. 其動止也, 其死生也, 其廢起也, 此又非其所以也. 有治在人. 忘乎物, 忘乎天, 其名爲忘己. 忘己之人, 是之謂入於天."

將閭葂見季徹曰："魯君謂葂也曰:'請受教.' 辭不獲命. 既已告矣, 未知中否. 請嘗薦之. 吾謂魯君曰:'必服恭儉, 拔出公忠之屬而無阿私, 民孰敢不輯!'" 季徹局局然笑曰："若夫子之言, 於帝王之德, 猶螳螂之怒臂以當車軼, 則必不勝任矣! 且若是, 則其自爲處危, 其觀台多物, 將往投跡者衆." 將閭葂覤覤然驚曰："葂也汒若於夫子之所言矣! 雖然, 願先生之言其風也." 季徹曰："大聖之治天下也, 搖蕩民心, 使之成教易俗, 舉滅其賊心而皆進其獨志. 若性之自爲, 而民不

知其所 由然. 若然者, 豈兄堯, 舜之教民溟涬然弟之哉? 欲同乎德而心居矣!”

子貢南遊於楚, 反於晉, 過漢陰, 見一丈人方將爲圃畦, 鑿隧而入井, 抱甕而出灌, 搰然用力甚多而見功寡. 子貢曰 : “有械於此, 一日浸百畦, 用力甚寡而見功多, 夫子不欲乎?”爲圃者仰而視之曰 : “奈何?”曰 : “鑿木爲機, 後重前輕, 挈水若抽, 數如泆湯, 其名爲槔.”爲圃者忿然作色而笑曰 : “吾聞之吾師, 有機械者必有機事, 有機事者必有機心. 機心存於胸中則純白不備. 純白不備則神生不定, 神生不定者, 道之所不載也. 吾非不知, 羞而不爲也.”子貢瞞然慚, 俯而不對. 有間, 爲圃者曰 : “子奚爲者邪? 曰 : “孔丘之徒也.”爲圃者曰 : “子非夫博學以擬聖, 於於以蓋衆, 獨弦哀歌以賣名聲於天下者乎? 汝方將忘汝神氣, 墮汝形骸, 而庶幾乎! 而身之不能治, 而何暇治天下乎! 子往矣, 無乏吾事.”

子貢卑陬失色, 頊頊然不自得, 行三十里而後愈. 其弟子曰 : “向之人何爲者邪? 夫子何故見之變容失色, 終日不自反邪?”曰 : “始吾以爲天下一人耳, 不知複有夫人也. 吾聞之夫子 : 事求可, 功求成, 用力少, 見功多者, 聖人之道. 今徒不然. 執道者德全, 德全者形全, 形全者神全. 神全者, 聖人之道也. 托生與民並行而不知其所之, 汒乎淳備哉! 功利機巧必忘夫人之心. 若夫人者, 非其志不之, 非其心不爲. 雖以天下譽之, 得其所謂, 謷然不顧; 以天下非之, 失其所謂, 儻然不受. 天下之非譽無益損焉, 是謂全德之人哉! 我之謂風波之民.”反於魯, 以告孔子. 孔子曰:“彼假修 渾沌氏之術者也. 識其一, 不識其二; 治其內而不治其外. 夫明白入素, 無爲復樸, 體性抱神, 以遊世俗之間者, 汝將固驚邪? 且渾沌氏之術, 予與汝何足以識之哉!”

諄芒將東之大壑, 適遇苑風於東海之濱. 苑風曰:“子將奚之?”曰:“將之大壑.”曰:“奚爲焉?”曰:“夫大壑之爲物也, 注焉而不滿, 酌焉而不竭. 吾將遊焉!”苑風曰:“夫子無意於橫目之民乎? 願聞聖治.”諄芒曰:“聖治乎? 官施而不失其宜, 拔舉而不失其能, 畢見其情事而行其所爲, 行言自爲而天下化. 手撓顧指, 四方之民莫不俱至, 此之謂聖治.”“願聞德人.”曰:“德人者, 居無思, 行無慮, 不藏是非美惡. 四海之內共利之之謂悅, 共給之之謂安. 怊乎若嬰兒之失其母也, 儻乎若行而失其道也. 財用有餘而不知其所自來, 飲食取足而不知其所從, 此謂德人之容.”“願聞神人.” 曰:“上神乘光, 與形滅亡, 是謂照曠. 致命盡情, 天地樂而萬事銷亡, 萬物復情, 此之謂混溟.”

門無鬼與赤張滿稽觀於武王之師, 赤張滿稽曰:“不及有虞氏乎! 故離此患也.”門無鬼曰 : “天下均治而有虞氏治之邪? 其亂而後治之與?”赤張滿稽曰 : “天下均治之爲願, 而何計以有虞氏爲! 有虞氏之藥瘍也, 禿而施髢, 病而求醫. 孝子操藥以修慈父, 其色燋然, 聖人羞之. 至德之世, 不尙賢, 不使能, 上如標枝, 民如野鹿. 端正而不知以爲義, 相愛而不知以爲仁, 實而不知以爲忠, 當而不知以爲信, 蠢動而相使不以爲賜. 是故行而無跡, 事而無傳.

孝子不諛其親, 忠臣不諂其君, 臣, 子之盛也. 親之所言而然, 所行而善, 則世俗謂之不肖子 ; 君之所言而然, 所行而善, 則世俗謂之不肖臣. 而未知此其必然邪? 世俗之所謂然而然之, 所謂善而善之, 則不謂之道諛之人也! 然則俗故嚴於親而尊於君邪? 謂己道人, 則勃然作色 ; 謂己諛人, 則怫然作色. 而終身道人也, 終身諛人也, 合譬飾辭聚眾也, 是終始本末不相坐. 垂衣裳, 設采色, 動容貌, 以媚一世, 而不自謂道諛 ; 與夫人之爲徒, 通是非, 而不自謂眾人也, 愚之至也. 知其愚者, 非大愚也 ; 知其惑者, 非不惑也. 大惑者, 終身不解 ; 大愚者, 終身不靈. 三人行而一人惑, 所適者, 猶可致也, 惑者少也 ; 二人惑則勞而不至, 惑者勝也. 而今也以天下惑, 予雖有祈向, 不可得也. 不亦悲乎! 大聲不入於裏耳, 折楊, 皇荂, 則嗑然而笑. 是故高言不止於眾人之心 ; 至言不出, 俗言勝也. 以二缶鍾惑, 而所適不得矣. 而今也以天下惑, 予雖有祈向, 其庸可得邪! 知其不可得也而強之, 又一惑也! 故莫若釋之而不推. 不推, 誰其比憂! 厲之人, 夜半生其子, 遽取火而視之, 汲汲然唯恐其似己也.

百年之木, 破爲犧尊, 青黃而文之, 其斷在溝中. 比犧尊於溝中之斷, 則美惡有間矣, 其於失性一也. 蹠與曾, 史, 行義有間矣, 然其失性均也. 且夫失性有五：一曰五色亂目, 使目不明；二曰五聲亂耳, 使耳不聽；三曰五臭熏鼻, 困惾中顙；四曰五味濁口, 使口厲爽；五曰趣舍滑心, 使性飛揚. 此五者, 皆生之害也. 而楊, 墨乃始離跂自以爲得, 非吾所謂得也. 夫得者困, 可以爲得乎? 則鳩鴞之在於籠也, 亦可以爲得矣. 且夫趣舍聲色以柴其內, 皮弁鷸冠搢笏紳修以約其外. 內支盈於柴柵, 外重纆繳睆睆”然在纆繳之中, 而自以爲得, 則是罪人交 臂暦指而虎豹在於囊檻, 亦可以爲得矣!

6. 천도(天道)

마음을 비우면 고요해지고, 고요하면 변화를 얻고, 변화를 얻으면 모든 것을 얻는다.

하늘의 도(天道)는 끊임없이 운행하여 한시도 정체하지 않는다. 그래서 만물이 생성한다.

제왕의 도 역시 끊임없이 운행하여 한때라도 정체함이 없다. 그래서 세상이 모두 귀복(歸服)한다.

성인의 도는 끊임없이 운행하여 한때라도 쉬지 않는다. 그래서 세상이 모두 승복한다.

하늘의 도를 분명히 알며 성인의 도에 정통하며, 나아가 제왕의 덕(德)을 육통(六通)과 사벽(四辟)에 두루 알고 있는 사람은 그 자신의 행위가 아득하니 그저 고요할 따름이다.

성인이 고요한 것은 고요함이 좋아서 고요한 것이 아니라, 만물 가운데서 어느 것도 족히 성인의 마음을 뒤흔들 만한 것이 없기 때문에 스스로 고요한 것이다.

물이 고요하면 그 밝음이 수염이나 눈썹까지도 분명하게 비추어 주고, 그 평평함이 수준기(水準器)에 들어맞아 목수도 기준으로 하는 것이다.

물이 고요하여도 오히려 이처럼 밝고 맑은데, 하물며 밝고 정밀

하고 신묘한 성인의 마음의 고요함은 어떻겠는가!

그것은 세상을 성찰하는 거울이고 만물을 비추는 거울이다.

마음을 비워 고요함을 지키면 편안하고 담백하며 적막하면서 하는 일이 없는 것은 천지자연의 기준이며 지극한 도덕이다. 그 때문에 제왕과 성인이 그곳에서 쉰다.

쉬면 비워지고 비워지면 채워지고, 채워지면 이내 갖추어질 것이다.

비우면 고요해지고 고요하면 움직이게 될 것이니, 움직이면 얻게 될 것이다.

고요하면 무위하게 될 것이니, 무위하면 일을 맡은 자들이 책임을 완수할 것이다.

무위하면 즐겁게 될 것이니, 즐거우면(兪兪) 근심 걱정이 머물 수 없어 수명이 길어질 것이다.

무릇 비우고 고요하고, 편안하고 담백하며, 적막하면서 무위하는 것은 만물의 근본이다.

*천도(天道) ; 만유를 주재하는 절대신(絶對神)으로서의 천신(天神) 및 우주 자연의 근본 원리로서의 천리(天理).

三軍五兵之運 德之末
(삼군오병지운 덕지말)

"삼군(三軍)을 동원하고 온갖 병기를 쓰는 것은 덕(德)의 말단이다."

*五兵 ; 예전에 쓰던 다섯 가지의 무기. 창, 갈라진 창, 큰 도끼, 방패, 활과 살. 곧 온갖 병기.

【寓言】 근본은 위에 있고, 말단은 아래에 있으니, 요점은 군주가 맡고, 세세함은 신하에게 맡긴다. 무력을 운용하는 것은 덕(德)의 말단이다. 삼군(三軍)과 오병(五兵)의 운용은 덕의 말단이고, 상벌의 이해(利害)와 오형(五刑)의 처벌은 교화의 말단이다(三軍五兵之運 德之末也 賞罰利害 五刑之辟 教之末也).

예법과 제도, 실제와 명목을 비교하여 상세히 정하는 것은 정치의 말단이고, 종과 북의 소리나, 새나 짐승의 깃털로 추는 춤은 음악의 말단이다. 소리 내어 슬피 울며 상복을 차별하여 갖추어 입는 것은 슬픔의 말단이다(禮法度數 刑名比詳 治之末也 鍾鼓之音 羽旄之容 樂之末也 哭泣衰絰 隆殺之服 哀之末也).

이 다섯 가지 말단은 모름지기 정신의 작용과 마음의 활동이 있어야 비로소 따르는 것이다. 말단에 대한 배움은 옛 사람도 지니고 있었지만, 앞세우려 하지 않았다.

존 비 선 후 천 지 지 행 야
■ 尊卑先後 天地之行也

"높고 낮음과 앞서고 뒤서는 것은 천지자연의 운행법칙이다."

{존귀한 것이 있으면 천한 것이 있고, 앞선 것이 있으면 뒤따르는 것이 있는 것이 세상 돌아가는 이치다.}

【寓言】 군주가 앞서고 신하는 뒤따르며 아버지가 앞서고 자식은 뒤따르며, 형이 앞서고 아우는 뒤따르며 연장자가 앞서고 어린 사람은 뒤따르며, 남자가 앞서고 여자는 뒤따르며 지아비가 앞서고 지어미는 뒤따른다.

존비(尊卑)의 차별과 선후(先後)의 순서가 있는 것은 천지자연의 운행법칙이다(尊卑先後 天地之行也). 그 때문에 성인(聖人)이 본보기를 취한 것이다.

하늘이 높고 땅이 낮은 것은 신명(神明)의 위계이고, 봄과 여름이 먼저 오고, 가을과 겨울이 뒤에 오는 것은 사시(四時)의 차례이다(故聖人取象焉 天尊地卑 神明之位也 春夏先 秋冬後 四時之序也).

만물이 변화 발생함에 싹이 트고 순이 나는 모양은 여러 가지가 있으니, 피었다가 시드는 차례가 있는 것은 변화의 흐름이다. 천지자연은 지극히 신묘한데도 존비선후(尊卑先後)의 서열이 있는데, 하물며 사람의 도(道)에 있어서이랴!

종묘(宗廟)에서는 관계가 가까운 친척을 숭상하고, 조정에서는 관작이 높은 이를 숭상하며, 고을에서는 나이 많은 이를 숭상하고(鄕黨尙齒), 일을 처리할 때는 현인을 숭상하니 이것이 대도(大道)의 서열이다.

도(道)에 대해 논하면서, 그 차례에 맞지 않으면 마땅한 도가 아니다. 도에 대해 논하면서 그것이 마땅한 道가 아니라면 어떻게 도를 터득할 수 있겠는가!

■ 鄕黨尙齒(향당상치)

"시골마을에서는 연장자를 존중한다."

{종묘에서는 관계가 가까운 친척을 높이며, 조정에서는 지위 높은 사람을 높이고, 마을에서는 어른을 높이며, 일할 때는 현명한 사람을 높이니 이것이 대도의 차례다.

주(周)나라 시대의 제도에서 5백 가구를 당(黨), 2천 5백 가구를 향(鄕)이라 했다. 치(齒)는 나이, 상치는 노인을 공경함. 사람이 나이가 들면 살아온 나이만큼 경험이 자산이 된다.

그래서 "나라 상감님도 늙은이 대접은 한다"는 속담대로 노인은 우대해야 한다고 여겼다.}

■ 擊鼓而求亡子(격고이구망자)

"북을 쳐서 집 나간 아들을 찾는다."

*擊鼓 ; 북을 두드림.

【寓言】 공자가 서쪽 주(周)나라 왕실 서고에 자신이 편수(編修)한 서적을 소장시키려고 했다.

제자 자로(子路)가 말했다. "제가 들으니 주(周)나라의 장서관 중에 노담(老聃 ; 老子)이라는 사람이 있었는데, 지금은 그만두고 향리에 돌아가 살고 있다고 합니다. 선생님께서 저서를 수장(收藏)케 하고자 하신다면 찾아가 그에게 부탁해 보시지요."

공자가 "좋구나." 하고 가서 노담을 만나보았는데, 노담이 허락하지 않았다. 이에 공자는 가지고 간 십이경(十二經)을 펼쳐놓고 설득하기 시작했다.

노담이 중간에 말을 끊고 말했다. "너무 번거로우니 그 요점을 듣고 싶소."

공자가 말했다. "요점은 인의(仁義)입니다."

노담이 말했다. "묻겠는데, 인의(仁義)는 사람의 본성(本性)인가요?"

공자가 말했다. "그렇습니다. 군자가 불인하면 이루지 못하고, 불의하면 살 수 없으니, 인의는 참으로 사람의 본성입니다. 이것 말고 또 무엇이 있겠습니까."

노담이 말했다. "다시 묻겠는데, 무엇을 인의(仁義)라 합니까?"

공자가 말했다. "마음에서부터 만물을 즐거워하고, 모든 사람을 똑같이 사랑하여 사사로움이 없는 것(兼愛無私), 이것이 바로 인의의 실정입니다."

노담이 말했다. "아, 위태롭구나! 대체로 겸애(兼愛)를 말하는 것은 또한 道와 거리가 먼 이야기 아닌가! 사사로움을 없애려 하는 것이 바로 사사로움입니다. 선생이 만일 천하의 모든 사람들이 길러짐(牧)을 잃지 않기를 바랍니까?

천지는 본래 일정한 질서가 있으며, 해와 달은 본래 저절로 밝음이 있으며, 별들은 본래 질서 있게 배열되어 있으며, 금수는 본래 무리지어 살고 있으며, 수목은 본래 대지 위에서 있습니다.

선생 또한 본래 갖추어진 덕(德)에 따라 행동하고, 道를 따라 나아간다면 그것으로 이미 충분할 것인데, 또 무엇 때문에 애써 인의(仁義)를 내걸고 마치 북을 두드리며 집 나간 자식을 찾듯이 합니까(若擊鼓而求亡子焉)? 아! 선생은 사람의 참다운 본성을 어지럽히고 있습니다!"

집을 나간 자식을 찾는다고 북을 치면서 쫓아다니면 북소리를 듣고 자식은 더 멀리 도망칠 텐데 무엇 때문에 이런 바보짓을 하느냐는 뜻이다.

■ 所貴道者 書也(소귀도자 서야)

"도(道)를 배우는 데 가장 귀한 것은 책이다."

【寓言】 세상 사람들이 도(道)라 하여 귀하게 여기는 것은 서책(書冊)이다(世之所貴道者 書也). 이 서책은 말을 늘어놓은 것에 지나지 않는다. 말에는 중요한 것이 있으니, 말이 중시하는 것은 말하는 사람이 전달하고자 하는 뜻이다. 뜻에 따르는 것이 있으니, 뜻에 따르는 것은 말로 전할 수 없는 것인데, 세상에서는 말을 중시하여 서책을 전한다.

세상에서 비록 그것을 중시하지만 중시하기에는 오히려 부족한 것이니, 그 중시하는 것이 참으로 소중한 것이 되지 못하는 이유다. 그러므로 눈으로 볼 수 있는 것은 모양과 색깔뿐이고, 귀로 들을 수 있는 것은 이름과 소리일 뿐이다.

슬프도다! 세상 사람들은 형체와 색깔, 이름과 소리만으로 충분히 저 도의 성정(性情)을 알 수 있다고 한다!

하지만 형체와 색깔, 이름과 소리로는 틀림없이 도의 실정을 알기에 부족하다. 그래서 아는 자는 말하지 않고 말하는 자는 알지 못하는 것인데, 세상 사람들이 어찌 그것을 알겠는가(知者不言 言者不知 而世豈識之哉)!

책에는 사람의 말이 실려 있다. 말은 사람의 생각에서 생기는 것이다. 그러나 생각이라는 것은 말로는 도저히 전할 수 없는 것이다. 즉 참된 도(道)를 전한 책이란 있을 리가 없다. 그저 사고(思考)의 남은 찌꺼기에 불과하다. 책을 유일한 수단으로 삼아 道를 배운다는 것이 얼마나 무의미한 것인가 하고 학자들을 비웃은 말이다.

■ 君之所讀者 古人之糟粕已夫
(군지소독자 고인지조박이부)

"임금께서 읽고 계시는 것은 옛사람의 찌꺼기입니다!"

*糟粕 ; 술을 걸러 내고 남은 찌끼, 술지게미.

【寓言】 제(齊)나라 환공(桓公)이 당(堂) 위에서 책을 읽고 있었는데, 당 아래서는 윤편(輪扁)이 수레바퀴를 깎고 있다가 망치와 끌을 내려놓고 환공을 올려다보며 물었다.

"감히 여쭙겠습니다만, 지금 읽고 계시는 책에는 무슨 말이 쓰여 있습니까?"

환공이 대답했다. "성인의 말씀이다."

윤편이 말했다. "그 성인은 지금 살아 계십니까?"

환공이 말했다. "이미 죽었다."

윤편이 말했다. "그렇다면 임금께서 읽고 계시는 그것은 옛사람의 찌꺼기일 뿐입니다(然則君之所讀者 古人之糟粕已夫)!"

환공이 말했다. "과인이 글을 읽고 있는데, 수레바퀴 깎는 네가 감히 그런 말을 하다니! 그만한 이유를 댄다면 괜찮겠지만, 그렇지 못하면 죽을 줄 알라."

윤편이 말했다. "소신은 신이 하는 일을 두고 하는 말씀입니다. 수레바퀴 축을 여유 있게 깎으면 빽빽해서 잘 들어가지 못하고 조금이라도 작게 깎으면 헐거워집니다. 여유 있게 깎지도 않고, 조금이라도 작게 깎지도 않는 것은 손에서 터득하여 마음으로 호응하는 것이어서 그것을 말로는 표현할 수 없습니다. 소신 역시 그것을 자식에게 깨우쳐 줄 수 없고, 신의 자식 또한 그것을 신에게 배울 수 없습니다. 이 때문에 나이 칠십에도 수레바퀴를 깎고 있습니다. 옛 성인도 말로는 전할 수 없는 것을 함께 가지고 죽었을 것입니다. 그렇다면 임금께서 읽고 계신 것 또한 옛사람의 찌꺼기일 따름입니다!"

장자는 윤편의 입을 통해 옛 성인의 말씀이란 그 당시에는 진리일 수 있으나, 이미 세월이 한참 지난 지금 이 순간(시대)에는 한갓 찌꺼기에 불과하다는 것을 말하고자 한 것이다.

맹자는, "글을 다 믿는다면 글이 없는 것만 같지 못하다(盡信書則 不如無書)."라고 했다.

책에 씌어 있는 것이라고 해서 모든 것이 사실이라고 할 수는 없다. 따라서 그것을 보는 사람이 미루어 헤아려야 할 것이다. 만일 그것을 덮어놓고 다 믿는다면 책이 미치는 결과는 차라리 없는 것만도 못하다.

《맹자》 진심(盡心) 하편에, "글을 다 믿는다면 글이 없는 것만 같지 못하다(盡信書則 不如無書). 나는 무성{武成 : 《서경》 주서(周書)의 편 이름}에서 두세 쪽(策)만을 받아들일 뿐이다. 어진 사람은 천하에 대적하는 사람이 없다. 지극히 어진 사람이 지극히 어질지 못한 사람을 치는데, 그 피가 절굿공이를 뜨게 하겠는가." 하고, 역사 기록의 지나친 과장을 가혹하게 평하고 있다.

내용인즉, 무왕이 주(紂)를 치는데, 주의 앞에 있는 군대가 무왕의 편을 들어 뒤로 돌아 후방에 있는 군대와 충돌함으로써 피가 냇물처럼 흘러 절굿공이가 떠내려갔다는 기록이다.

맹자가 이 같은 말을 한 데는 또 다른 의도가 있었겠지만, 오늘처럼 너무 많은 기록들이 우리의 마음을 어지럽히는 것에 가장 알맞은 말이 될 수 있을 것 같다.

청대의 유명한 평론가 김성탄은 진시황의 분서갱유 사건을 위대한 업적이라 칭찬하고, 또 한 번 진시황 같은 영웅이 나타나 쓰레기만도 못한 책들을 모조리 불살라 주었으면 하고 바랬다.

한 권의 좋은 책이 없어지는 것은 안타까운 일이지만, 천 권의 유해무익한 책들을 없애기 위해서는 부득이한 일이라는 것이다.

6. 天道

天道運而無所積, 故萬物成；帝道運而無所積, 故天下歸；聖道運而無所積, 故海內服. 明於天, 通於聖, 六通四辟於帝王之德者, 其自爲也, 昧然無不靜者矣! 聖人之靜也, 非曰靜也善, 故靜也. 萬物無足以撓心者, 故靜也. 水靜則明燭須眉, 平中准, 大匠取法焉. 水靜猶明, 而況精神! 聖人之心靜乎! 天地之鑒也, 萬物之鏡也.

夫虛靜恬淡寂漠無爲者, 天地之平而道德之至也. 故帝王聖人休焉. 休則虛, 虛則實, 實則倫矣. 虛則靜, 靜則動, 動則得矣. 靜則無爲, 無爲也, 則任事者責矣. 無爲則俞俞. 俞俞者, 憂患不能處, 年壽長矣. 夫虛靜恬淡寂漠無爲者, 萬物之本也. 明此以南鄕, 堯之爲君也；明此以北面, 舜之爲臣也. 以此處上, 帝王天子之德也；以此處下, 玄聖素王之道也. 以此退居而閑遊, 江海山林之士服；以此進爲而撫世, 則功大名顯而天下一也. 靜而聖, 動而王, 無爲也而尊, 樸素而天下莫能與之爭美.

夫明白於天地之德者, 此之謂大本大宗, 與天和者也. 所以均調天下, 與人和者也. 與人和者, 謂之人樂；與天和者, 謂之天樂. 莊子曰：“吾師乎, 吾師乎! 齏萬物而不爲戾；澤及萬世而不爲仁；長於上古而不爲壽；覆載天地, 刻雕眾形而不爲巧.”此之謂天樂. 故曰：知天樂者, 其生也天行, 其死也物化. 靜而與陰同德, 動而與陽同波. 故知天樂者, 無天怨, 無人非, 無物累, 無鬼責. 故曰：其動也天, 其靜也地, 一心定而王天下；其鬼不祟, 其魂不疲, 一心定而萬物服. 言以虛靜推於天地, 通於萬物, 此之謂天樂. 天樂者, 聖人之心以畜天下也.

夫帝王之德, 以天地爲宗, 以道德爲主, 以無爲爲常. 無爲也, 則用天下而有餘；有爲也, 則爲天下用而不足. 故古之人貴夫無爲也. 上無爲也, 下亦無爲也, 是下與上同德. 下與上同德則不臣. 下有爲也, 上亦有爲也, 是上與下同道. 上與下同道則不主. 上必無爲而用下, 下必有爲爲天下用. 此不易之道也.

故古之王天下者, 知雖落天地, 不自慮也；辯雖雕萬物, 不自說也；能雖窮海內, 不自爲也. 天不產而萬物化, 地不長而萬物育, 帝王無爲而天下功. 故曰：莫神於天, 莫富於地, 莫大於帝王. 故曰：帝王之德配天地. 此乘天地, 馳萬物, 而用人群之道也.

本在於上, 末在於下；要在於主, 詳在於臣. 三軍五兵之運, 德之末也；賞罰利害, 五刑之辟, 教之末也；禮法度數, 刑名比詳, 治之末也；鍾鼓之音, 羽旄之容, 樂之末也；哭泣衰絰, 隆殺之服, 哀之末也. 此五末者, 須精神之運, 心術之動, 然後從之者也. 末學者, 古人有之, 而非所以先也. 君先而臣從, 父先而子從, 兄先而弟從, 長先而少從, 男先而女從, 夫先而婦從. 夫尊卑先後, 天地之行也, 故聖人取象焉. 天尊地卑, 神明之位也；春夏先, 秋冬後, 四時之序也；萬物化作, 萌區有狀, 盛衰之殺, 變化之流也. 夫天地至神矣, 而有尊卑先後之序, 而況人道乎! 宗廟尚親, 朝廷尚尊, 鄉黨尚齒, 行事尚賢, 大道之序也. 語道而非其序者, 非其道也. 語道而非其道者, 安取道哉!

是故古之明大道者, 先明天而道德次之, 道德已明而仁義次之, 仁義已明而分守次之, 分守已明而形名次之, 形名已明而因任次之, 因任已明而原省次之, 原省已明而是非次之, 是非已明而賞罰次之, 賞罰已明而愚知處宜, 貴賤履位, 仁賢不肖襲情. 必分其能, 必由其名. 以此事上, 以此畜下, 以此治物, 以此修身, 知謀不用, 必歸其天. 此之謂大平, 治之至也. 故書曰：“有形有名.” 形名者, 古人有之, 而非所以先也. 古之語大道者, 五變而形名可舉, 九變而賞罰可言也. 驟而語形名, 不知其本也；驟而語賞罰, 不知其始也. 倒道而言, 迕道而說者，人之所治也，安能治人！驟而語形名賞罰，此有知治之具，非知治之道．可用於天下，不足以用天下．此之謂辯士，一曲之人也．禮法數度，形名比詳，古人有之．此下之所以事上，非上之所以畜下也．

昔者舜問於堯曰：“天王之用心何如?”堯曰：“吾不敖無告，不廢窮民，苦死者，嘉孺子而哀婦人，此吾所以用心已.”舜曰：“美則美矣，而未大也.”堯曰：“然則何如?”舜曰：“天德而出寧，日月照而四時行，若晝夜之有經，雲行而雨施矣!”堯曰：“膠膠擾擾乎！子，天之合也；我，人之合也.”夫天地者，古之所大也，而黃帝，堯，舜之所共美也．故古之王天下者，奚爲哉？天地而已矣!

孔子西藏書於周室，子路謀曰：“由聞周之征藏史有老聃者，免而歸居，夫子欲藏書，則試往因焉.”孔子曰：“善.”往見老聃，而老聃不許，於是繙十二經以說．老聃中其說，曰：“大謾，願聞其要.”孔子曰：“要在仁義.”老聃曰：“請問：仁義，人之性邪?”孔子曰：“然，君子不仁則不成，不義則不生．仁義，真人之性也，又將奚爲矣?”老聃曰：“請問：何謂仁義?”孔子曰：“中心物愷，兼愛無私，此仁義之情也.”老聃曰：“意，幾乎後言！夫兼愛，不亦迂夫！無私焉，乃私也．夫子若欲使天下無失其牧乎？則天地固有常矣，日月固有明矣, 星辰固有列矣, 禽獸固有群矣, 樹木固有立矣. 夫子亦放德而行, 遁遁而趨, 已至矣! 又何偈偈乎揭仁義, 若擊鼓而求亡子焉! 意, 夫子亂人之性也."

士成綺見老子而問曰 : "吾聞夫子聖人也. 吾固不辭遠道而來願見, 百舍重趼而不敢息. 今吾觀子非聖人也, 鼠壤有餘蔬而棄妹, 不仁也! 生熟不盡於前, 而積斂無崖." 老子漠然不應. 士成綺明日複見, 曰 : "昔者吾有刺於子, 今吾心正卻矣, 何故也?" 老子曰 : "夫巧知神聖之人, 吾自以爲脫焉. 昔者子呼我牛也而謂之牛 ; 呼我馬也而謂之馬. 苟有其實, 人與之名而弗受, 再受其殃. 吾服也恒服, 吾非以服有服." 士成綺雁行避影, 履行遂進, 而問修身若何. 老子曰 : "而容崖然, 而目沖然, 而顙頯然, 而口闞然, 而狀義然. 似系馬而止也, 動而持, 發也機, 察而審, 知巧而睹於泰, 凡以爲不信. 邊竟有人焉, 其名爲竊."

老子曰 : "夫道, 於大不終, 於小不遺, 故萬物備. 廣廣乎其無不容也, 淵淵乎其不可測也. 形德仁義, 神之末也, 非至人孰能定之! 夫至人有世, 不亦大乎, 而不足以爲之累 ; 天下奮柄而不與之偕 ; 審乎無假而不與利遷 ; 極物之真, 能守其本. 故外天地, 遺萬物, 而神未嘗有所困也. 通乎道, 合乎德, 退仁義, 賓禮樂, 至人之心有所定矣!"

世之所貴道者，書也．書不過語，語有貴也．語之所貴者，意也，意有所隨．意之所隨者，不可以言傳也，而世因貴言傳書．世雖貴之，我猶不足貴也，爲其貴非其貴也．故視而可見者，形與色也；聽而可聞者，名與聲也．悲夫！世人以形色名聲爲足以得彼之情．夫形色名聲，果不足以得彼之情，則知者不言，言者不知，而世豈識之哉！

桓公讀書於堂上，輪扁斫輪於堂下，釋椎鑿而上，問桓公曰："敢問："公之所讀者，何言邪?"公曰："聖人之言也."曰："聖人在乎?"公曰："已死矣."曰："然則君之所讀者，古人之糟粕已夫!"桓公曰："寡人讀書，輪人安得議乎！有說則可，無說則死!"輪扁曰："臣也以臣之事觀之．斫輪，徐則甘而不固，疾則苦而不入，不徐不疾，得之於手而應於心，口不能言，有數存乎其間．臣不能以喩臣之子，臣之子亦不能受之於臣，是以行年七十而老斫輪．古之人與其不可傳也死矣，然則君之所讀者，古人之糟粕已夫!"

7. 천운(天運)

천지자연의 세계에는 여섯 개의 근본적인 법칙과 다섯 개의 불변의 법칙이 있다.

하늘이 움직이는가, 땅이 멈추어 있는가? 해와 달은 서로 자리를 다투는가? 누가 이것을 주재하고 있는가?

누가 천지일월에 질서를 부여하고 있는가? 누가 스스로 무위(無爲)로 천지일월을 밀어서 움직이는가?

혹 기계에 묶여서 멈추지 못하는 것인가? 아니면 저절로 굴러가니 스스로 멈추지 못하는 것인가?

구름이 저절로 비가 되는 것인가? 비가 저절로 구름이 되는 것인가?

누군가 이 운우(雲雨)의 순환을 맡아서 처리하며, 누군가 무위(無爲)로 조화(造化)의 음락(淫樂)에 빠져 이것을 권하는 것인가?

바람은 북쪽에서 일어나 한 번은 서쪽으로 불고 한 번은 동쪽으로 불며, 또 높이 올라가 이리저리 도는데, 누가 이 바람을 호흡하며 누가 무위(無爲)의 일에 머물러 이 바람을 부채질하는가? 감히 묻노니 이것이 무슨 까닭인가?

무함(巫咸)이 고(告)하여 말하였다.

“이리 오라. 내 그대에게 일러 주겠노라. 천지자연의 세계에는 여섯 개의 근본적인 법칙(六極)과 다섯 개의 불변의 법칙(五常)이 있다. 제왕이 이 법을 따르면 천하가 잘 다스려지고, 이를 어기면 재앙이 일어날 것이다. 제왕이 구주낙서(九疇洛書)의 일을 평화롭게 잘 다스리고 덕을 갖추어 아래 세상을 비추면 천하가 떠받들 것이니, 이를 일러 상황(上皇)이라 한다.”

*天運 ; “하늘은 움직이는가?(天其運乎)”
*상황(上皇) ; 태상황, 삼황(三皇) 가운데 최초인 ‘복희(伏羲)를 말한다. 상제(上帝).
*九洛之事(구락지사) ; 구주(九疇)와 낙서(洛書)를 말한다. 구주는 홍범구주(洪範九疇)를 말하는데, 《서경(書經)》의 홍범에 기록되어 있는 우(禹)가 정한 정치 도덕의 아홉 원칙. 오행・오사・팔정(八政)・오기・황극・삼덕・계의・서징(庶徵) 및 오복과 육극을 말한다. 낙서(洛書)는 하(夏)나라 우왕(禹王)이 홍수를 다스렸을 때, 낙수(洛水)에서 나온 영묘한 거북의 등에 쓰여 있었다는 글을 말한다. 《서경)》 홍범구주의 원본이 되었다 하며, 팔괘(八卦)의 법도 여기서 나왔다고 한다.

■ 虎狼 仁也
호랑 인야

"호랑이나 이리와 같은 것이 어짊이다."

【寓言】 상(商)나라 태재(太宰) 탕(蕩)이 장자에게 仁에 대해서 물었다.

장자가 말했다. "호랑이나 이리와 같은 것이 仁입니다(虎狼 仁也)."

탕이 다시 물었다. "무슨 말입니까?"

장자가 말했다. "아비와 새끼가 서로 친한데, 어찌 仁이 아니라 하겠습니까?"

호랑이나 이리는 가장 맹포한 동물이라고 여겨지나, 그 어미 새끼 사이에는 애정이 있다. 사람의 애정 같은 것은 아직 인(仁)으로서는 부족한 것이다.

■ 以敬孝易 以愛孝難
이경효이 이애효난

"공경으로 효도하기는 쉽지만, 사랑으로 효도하기는 어렵다."

{존경하는 예(禮)로써 효(孝)를 실천하기는 쉽지만, 사랑하는 마음으로 효를 실천하기는 어렵다.}

망친이 사친망아난
■ 忘親易 使親忘我難

“어버이를 잊기는 쉽지만, 어버이로 하여금 나를 잊게 하기는 어렵다.”

【寓言】 사랑하는 마음으로 효를 실천하기는 그래도 쉽지만 어버이를 잊기는 어려우며, 어버이를 잊기는 그래도 쉽지만, 어버이로 하여금 나를 잊게 하기는 어려우며, 어버이로 하여금 나를 잊게 하기는 그래도 쉽지만, 천하의 모든 사람을 잊기는 어려우며, 천하의 모든 사람을 잊기는 쉽지만 천하의 모든 사람으로 하여금 나를 잊게 하기는 어렵다

인정 때문에 부모를 잊을 수는 없다고 하지만, 그래도 잊으려고 생각하면 잊을 수 있다. 그러나 부모로 하여금 나를 잊게 할 수는 없다. 자식이 어버이를 생각하는 정보다는 어버이가 자식을 생각하는 정이 훨씬 깊고 크다.

사천하겸망아난
■ 使天下兼忘我難

“천하 사람들로 하여금 나를 모두 잊게 하기는 어렵다.”

*兼 ; 천하와 나.

【寓言】 상(商)나라 태재(太宰 ; 옛 중국의 으뜸 벼슬) 탕(蕩)이 장자에게 인(仁)에 대해 물었다.

장자가 대답했다. "호랑이와 이리가 인(仁)입니다."

태재가 물었다. "무슨 말입니까?"

장자가 대답했다. "호랑이와 이리는 부자간에 서로 친하니 어찌 인(仁)이라 아니할 수 있겠습니까."

탕이 물었다. "지극한 인(仁)이란 무엇입니까?"

장자가 대답했다. "지극한 인(仁)은 친함이 없습니다."

태재가 물었다. "내가 듣건대, 친함이 없으면 사랑이 없고 사랑이 없으면 어버이에게 효도하지 못하게 되는데, 그렇다면 지극한 인(至仁)은 불효라 해도 괜찮습니까?"

장자가 말했다. "아니, 그렇지 않습니다. 지인(至仁)이란 비교할 것이 없는 최상의 경지입니다. 효(孝)는 진실로 그 지인(至仁)에 비하기에 부족합니다. 이 말은 효보다 나은 말이 아니라 효에도 미치지 못한 말입니다.

무릇 남쪽으로 가는 나그네가 초나라의 영(郢)에 이르러 북쪽을 바라보아도 한(韓)나라의 명산(冥山)이 보이지 않습니다. 이는 너무 멀리 떠나와 버렸기 때문입니다.

그래서 말하기를, '존경하는 마음으로 효를 실천하기는 쉬워도 사랑하는 마음으로 효를 실천하기는 어려우며(以敬孝易, 以愛孝難), 사랑하는 마음으로 효를 실천하기는 그래도 쉽지만, 어버이를 잊기는 어려우며, 어버이를 잊기는 그래도 쉽지만, 어버이로 하여금 나를 잊게 하기는 어려우며(忘親易 使親忘我難), 어버이로 하여금 나를 잊게 하기는 그래도 쉽지만 천하의 모든 사람을 잊기는 어려우며, 천하의 모든 사람을 잊기는 쉽지만 천하의 모든 사람으로 하여금 나를 잊게 하기란 어렵다(使天下兼忘我難).' 는 것입니다. 무릇 덕(德)이 요순(堯舜)보다 뛰어나더라도 무위하며, 은택이 만세에 미치더라도 천하의 누구도 그것을 알지 못하는데, 어찌 다만 저 세속 사람들처럼 크게 탄식하면서 仁이니 孝니 말하겠습니까!"

천하 사람들로 하여금 자기의 존재를 잊어버리게 하고, 자기 역시 천하를 잊어버리는 것은 어려운 일이다. 그러나 이것이야말로 노장(老莊)의 이상이다.

■ 不主故常 (부주고상)

"낡은 틀에 얽매이지 않는다."

*故常 ; 관례, 전례, 선례, 관습.

【寓言】 북문성(北門成)이 음악에 대한 물음에 황제(黃帝)가 대답한 말이다. "음양의 조화로 음악을 연주하고, 해와 달의 밝음으로 연주했다. 그 소리는 장단과 강약이 있어

일제히 변화하니 옛 가락에 얽매이지 않는다(不主故常). 골짜기를 만나면 골짜기를 채우고, 작은 구덩이를 만나면 구덩이를 채우다가, 빈틈을 막고 정신을 지켜 대상에 따라 음량을 맞춘다. 그 소리는 맑게 울리고 그 이름(咸池)도 높고 밝게 빛났다."

{"함지(咸池)의 음악을 동정(洞庭)의 들판에서 연주하였다(帝張咸池之樂於洞庭之野)."는 이야기는 황제가 함지의 음악을 하늘과 땅 사이 광원막대(廣遠莫大)한 허무(虛無)의 들판에서 악기를 늘어놓고 연주하였다는 뜻이다. 함지는 악곡의 명칭이다.}

■ 愚故道(우고도)

"어리석기 때문에 도가 이루어진다."

【寓言】 "……음악에는 형체도 없어 보이지 않으며, 천을 휘감듯 길게 끌지 않고 그윽하고 어두우며 소리가 없다. 방향도 없이 움직이고, 고요하고 어두운 데 머무니, 이를 일러 죽었다 하고, 어떤 이는 살아 있다, 라고 하며, 어떤 이는 알차다고 하고, 어떤 이는 꽃이라 하네. 나아가 흐르므로 흩어지고 옮겨가서 일정한 소리에 매이지 않는다네.

세상 사람들은 이것을 의심하여, 성인에게 물어보는데, 성인은 사물에 통달하므로 자연의 명에 따르지. 하늘의 작용은 드러나지 않아도 오관(五官)은 모두 갖추어져 말이 없어도 즐거워할 따름이니, 이를 일러 천락(天樂)이라 하네.

그래서 옛날에 유염씨(有焱氏)도 그것에 대해 칭송하였지. '들으려 하나 그 소리는 들리지 않고, 보려 하나 그 형체는 보이지 않는데, 천지에 충만하여 육극을 감싸 안는구나(聽之不聞其聲 視之不見其形 充滿天地 苞裹六極).'

그러니 자네는 이 음악을 들으려 해도 접할 수 없다. 네가 그래서 어지러워진 것일 게다. 이 함지(咸池)의 음악은 처음에는 듣는 이에게 두려움의 감정을 갖게 하는데, 두려워하게 되니 불안감이 생긴다. 나는 다음으로 또 듣는 자를 나른하게 하는 음악을 연주하니 나른해지기에 멀리 도망치게 된다. 마지막에 미혹해지는 음악을 연주하니 어지러워지기에 어리석게 된다. '어리석어졌으니 도의 경지라네.' 도에 나를 싣고서 도와 더불어 하나가 될 수 있는 것이라네(惑故愚 愚故道 道可載而與之俱也)."

■ 勞而無功 (노이무공)

"애만 쓰고 보람이 없다."

■ 水行莫如用舟 而陸行莫如用車
수행막여용주 이륙행막여용거

“물길을 가는 데는 배보다 나은 것이 없고, 뭍으로 가는 데는 수레만한 것이 없다.”

【寓言】 노이무공(勞而無功) ; 애는 썼으나 보람이 없음을 이르는 말이다.

공자가 위(衛)나라로 갔을 때, 위나라 사금(師金)이라는 자가 공자의 제자 안연을 보고 공자를 평해 이렇게 말했다.

“물 위를 가는 데는 배만한 것이 없고, 땅 위를 가는 데는 수레만한 것이 없다(夫水行莫如用舟 而陸行莫如用車). 배로 물 위를 여행할 수 있다고 해서 땅 위에서도 배를 저어 가려 한다면 평생을 가도 나아가지 못할 것이다. 옛날과 지금이란, 물이나 육지와 같은 것이 아니겠는가? 주나라와 노나라는 배나 수레와 같다. 지금 주나라의 방식을 노나라에 행하려고 하는 것은 마치 육지 위에서 배를 밀고 가려는 것과 같다. 힘들기만 하지 아무런 성과도 없을 것이며, 자신에게 반드시 재앙이 돌아가게 될 것이다(勞而無功 身必有殃). 그(공자)는 아직 사물에 따라 막힘이 없는 무한한 변화를 가진 도가 있다는 것을 모르고 있다.”

그때그때에 따라서 쓰이는 것이 제각기 다르다. 가령 주공(周公)의 가르침이나 공자의 가르침이라도 고금에 따라서 다름이 있으면 그 실시하는 방법도 달라야 하는 것이다.

■ 西施病心而嚬其里
(서 시 병 심 이 빈 기 리)

"서시(西施)가 고향에 있을 때, 언짢은 일이 있어 눈살을 찌푸렸다."

*西施 ; 월(越)나라의 미인.

*病心 ; 근심스런 마음, 언짢은 마음.

*嚬 ; 찡그리다.

【寓言】 서시빈목(西施嚬目) ; 무조건 남의 흉내를 내어 웃음거리가 됨을 비유적으로 이르는 말. 월나라의 미인 서시가 속병이 있어 눈을 찌푸리자 이것을 본 못난 여자들이 눈을 찌푸리면 아름답게 보이는 줄 알고 따라서 눈을 찌푸리니 더욱 못나게 보였다는 데서 유래한다.

춘추시대 말 오(吳)·월(越) 양국의 다툼이 한창일 무렵, 월왕 구천이 오왕 부차의 방심을 유발하기 위해 헌상한 미희(美姬) 50명 가운데서 제일가는 서시(西施)라는 절색(絶色)이 있었다. 이 이야기는 그 서시에 관해서 주변에 나돌았던 이야기로 되어 있으나, 말하는 사람이 우화의 명수인 장자(莊子)이므로 그 주인공이 서시가 아니라도 좋을 것이다.

서시가 어느 때 가슴앓이가 도져 고향으로 돌아갔다. 아픈 가슴을 한손으로 누르며 눈살을 찌푸리고 걸어도 역시 절세의 미인인지라, 다시 보기 드문 풍정(風情)으로, 보는 사람들을 황홀케 했다. 그것을 본 것이 마을에서도 추녀로 으뜸가는 여자인데, 자기도 한손으로는 가슴을 누르고 눈살을 찌푸리며 마을길을 흔들흔들 걸어보았으나, 마을 사람들은 멋있게 보아주기는커녕 그렇지 않아도 추한 여자의 징글맞은 광경을 보고 진저리가 나서 대문을 쾅 닫아버리고 밖으로 나오려는 사람도 없었다.

여기서『서시빈목(西施嚬目)』고사가 생겨났다. 그런데 이 이야기로 장자는 공자의 제자인 안연(顔淵)과 도가적(道家的) 현자로서 등장시킨 사금(師金)이란 인물과의 대화 속에서 사금이 말하는 공자 비평의 말에 관련시키고 있다.

장자는 시대의 변천에 따라 제도나 도덕도 변해야 한다고 강조하면서, 요컨대 춘추의 난세에 태어난 공자가 그 옛날 주왕조(周王朝)의 이상정치를 그대로 노(魯)나라와 위(衛)나라에 재현하려 하는 것은 마치 추녀가 서시를 무작정 흉내 내는 것과 다르지 않다고 빈정대어 말한 것이다.

■ 仁義 先王之蘧廬
인의 선왕지거려

"인의(仁義)라는 것은 옛날 성왕(聖王)의 나그넷길 여인숙 같은 것이다."

*先王 ; 옛날의 성왕(聖王).

*蘧廬 ; 풀로 지은 오두막집으로, 여인숙을 이르는 말.

【寓言】 공자가 나이 쉰한 살이 되도록 아직 도를 깨닫지 못하다 마침내 남쪽의 패(沛)에 가서 노자를 만났다.

노자가 말했다. "선생이 오셨는가. 내 듣자하니 선생은 북방의 현자라 하니 선생께서는 도를 터득하셨소?"

공자가 말했다. "아직 터득하지 못했습니다."

노자가 말했다. "선생께서는 어디에서 그것을 찾으려 하셨소?"

공자가 말했다. "저는 그것을 도리에서 구하였으나, 오년이 지나도록 아직 터득하지 못하였습니다."

노자가 말했다. "선생께서는 또 어디에서 그것을 찾으려 하였소?"

공자가 말했다. "저는 또 음양에서 구하였으나, 12년이 지나도록 터득하지 못했습니다."

노자가 말했다. "그랬을 거요. 도를 바칠 수 있는 것이라면 사람들은 누구나가 그것을 임금에게 바칠 것이고, 도를 가져다드릴 수 있는 것이라면 누구나 그것을 자기 부모에게 드릴 것이며, 도가 남에게 일러줄 수 있는 것이라면 사람들은 누구나 자기 형제에게 일러줄 것이고, 도가 전할 수 있는 것이라면 누구나 그것을 자손들에게 전해 줄 것이오.

그러나 그렇게 할 수 없는 것은 다름이 아니라, 마음속에 바탕이 없으면 도가 그에게 머물지 아니하고, 밖으로 떳떳치 않으면 그것은 행하여지지 않기 때문이오. 마음속으로부터 나오는 것이 밖에서 받아들여지지 않으면 성인은 그것을 내놓지 않고, 밖으로부터 들어오는 것이 주인 노릇을 할 만한 게 없으면 성인은 그것을 쌓지 않는 법이오.

명예란 모두의 것이므로 많이 가지려 해서는 안 되고, 인의(仁義)는 옛 성왕들의 여인숙(蘧廬)과 같은 것이어서 하루쯤 묵어가는 것은 괜찮지만, 오래 머물 만한 곳은 못 되오(名公器也 不可多取 仁義 先王之蘧廬也 止可以一宿而不可久處). 그렇게 하면 책망이 많아지게 되지요."

공맹(孔孟)의 가르침에서 인의지도(仁義之道)는 어느 때거나 통하는 것이라고 하고 있으나, 노장(老莊)에서 볼 때에는 그것은 일시적인 여인숙 같은 것이지 언제나 통하는 것은 아니다.

■ 天門不開矣

천문불개의

“하늘의 문이 열리지 않는다.”

【寓言】 공자가 나이 쉰한 살이 되도록 아직 도를 깨닫지 못하여, 마침내 남쪽의 패(沛)에 가서 노자를 만났다.

노자가 말했다. “……원망과 은혜, 주는 것과 받는 것, 헐뜯고 가르치는 것, 살리고 죽이는 이 여덟 가지는 그것을 바로잡는 도구인데, 오로지 위대한 변화에 따라 막힘이 없는 사람만이 그것을 쓸 수 있소. 그러므로 정치란 바로잡는 것이며, 그 마음이 그렇지 않은 자는 하늘의 문이 열리지 않을 것이오(怨·恩·取·與·諫·教·生殺八者 正之器也 唯循大變無所湮者爲能用之 故曰 正者 正也 其心以爲不然者 天門弗開矣).”

참다운 마음의 깨달음이 없으면 천문(天門)은 열리지 않는다.

■ 鵠不日浴而白 烏不日黔墨而黑

곡불일욕이백 오불일검묵이흑

“고니(백조)는 날마다 목욕을 하지 않아도 새하얗고, 까마귀는 날마다 먹칠을 하지 않아도 새카맣다.”

*鵠 ; 고니, 백조.

*黔 ; 검은 칠을 하다.

【寓言】 공자가 노담을 만나 인의(仁義)에 대해서 이야기 하였다.

노담이 말했다. "무릇 키질을 하다 날린 겨가 눈에 들어가면 천지 사방이 자리가 뒤바뀌어 분간할 수 없게 되고, 모기나 등에가 살을 물면 밤새도록 잠을 이루지 못할 것입니다. 무릇 인의(仁義)라고 하는 것은 참으로 무자비하게 우리의 마음을 어지럽게 하니, 천하를 어지럽힘이 이보다 큰 것이 없을 것입니다.

선생이 만일 천하 사람들로 하여금 그 소박함을 잃지 않도록 하려면 선생 또한 자유로운 바람처럼 부는 대로 따라 움직이며, 자연의 덕(德)을 잘 잡고 서 있어야 할 터인데, 또 어찌하여 애쓰면서 마치 큰 북을 짊어지고 북소리를 울려대면서 집 나간 자식을 찾는 것처럼 소동을 벌이시는지?

무릇 고니는 날마다 목욕하지 않아도 희고, 까마귀는 날마다 검게 칠하지 않아도 검습니다(夫鵠不日浴而白, 烏不日黔而黑).

태생적인 흑백(黑白)에 대하여는 새삼 검다 희다 떠들어댈 것이 없으며, 명예라는 껍데기(外形)는 새삼 널리 알릴 만한 가치가 없는 것이오.

샘이 마르면 물고기들이 물 마른 진흙땅 위에서 서로 습기를 뿜어주며 서로 거품으로 적셔 주지요. 하지만 그것은 큰 강 넓은 호수에서 자유롭게 물마시며 서로를 잊고 지내느니만 못한 것이오.”

백조나 까마귀는 본시 자연이 그렇게 만들었기 때문에 그 실체의 변화에 전혀 영향을 끼치지 못한다. 사람은 온갖 지혜를 축적하고 전승하여 자신과 외계의 한계에 도전하며 그 성과도 대단하다. 그래도 인위적인 조작에 앞서 항상 자연의 이치를 잘 살피는 일에 소홀할 수는 없다.

■ 吾乃今於是乎見龍 (오내금어시호견룡)

“나는 이번에 처음으로 용을 보았다.”

【寓言】 공자가 노담을 만나보고 돌아와 사흘 동안 누구와도 말을 나누지 않았다.

그러자 제자들이 물었다. “선생님께서는 노담을 만나 보시고 무엇으로 그를 바로잡아 주셨습니까?”

공자가 말했다. “나는 이번에 처음으로 용을 보았다. 그 용은 기(氣)가 합치면 형체를 이루고, 기(氣)가 흩어지면 아름다운 무늬를 이루어 구름 기운을 타고 음(陰) 양(陽) 사이를 자유자재 날아다닌다. 나는 벌어진 입을 다물지를 못했는데, 내가 어떻게 노담을 바로잡아 줄 수 있었겠느냐!"

자공이 말했다. "그렇다면 이 세상사람 가운데는 참으로 죽은 듯이 조용히 있다가 용처럼 나타나고, 우레와 같은 큰 소리를 내다가 깊은 연못처럼 침묵을 지켜 발동(發動)이 천지와 같은 사람이 있는 것인가요? 저도 그분을 만나 뵐 수가 있을까요?"

마침내 자공이 공자의 소개로 노담을 만났다.

노담이 그때 막 마루 한가운데에 걸터앉아 있다가 나와서 가느다란 소리로 응답했다. "나도 이제 나이를 먹었는데, 그대는 무엇을 내게 가르치려 하는가?"

자공이 말했다. "저 삼황오제가 천하를 다스린 방법은 같지 않았으나, 그들 모두 세상에 명성을 떨친 것은 같습니다. 그런데 선생께서는 유독 그들을 성인이 아니라고 하시니 무슨 이유에서입니까?"

■ 殺盜非殺(살도비살)

"도둑을 죽이는 것은 살인이 되지 않는다."

【寓言】 위 항에 이어, 노담이 공자의 제자 자공에게 말했

다. "젊은이, 가까이 다가오게. 그대는 무엇 때문에 삼황오제의 정치가 달랐다고 생각하는가?"

자공이 말했다. "요임금은 순임금에게, 순임금은 우임금에게 나라를 물려주었습니다. 우임금은 인력으로 물을 다스렸고, 탕왕(湯王)은 무력으로 하나라의 걸왕을 정벌했습니다. 문왕(文王)은 주왕(紂王)에게 순종하고 거역하지 않았으며, 무왕(武王)은 주왕에게 순종하지 않고 거역하였습니다. 그러니 나라를 다스림이 서로 같지 않다고 하는 것입니다."

노담이 말했다. "젊은이, 좀 더 가까이 오게. 내가 그대에게 삼황과 오제의 다스림을 말해 주겠네. 황제가 천하를 다스릴 적에는 백성의 마음을 하나로 만들었지. 백성들 가운데는 자기 부모가 죽어도 곡을 하지 않는 자도 있었으나, 그래도 그를 비난하지 않았지.

요임금이 세상을 다스릴 때에는 백성의 마음을 친하게 하여 백성들이 그 부모를 죽인 자를 죽여도 이를 비난하지 않았네. 순임금이 천하를 다스릴 때에는 백성들이 서로 다투게 만들었지. 잉태한 여자는 열 달 만에 자식을 낳고, 아이가 태어나서는 다섯 달 만에 말을 할 줄 알게 되어 아직 웃지도 못하면서 벌써 낯을 가리게 되었으니, 그러면서부터 사람이 일찍 죽는 일이 있게 되었지.

우임금이 천하를 다스릴 때는 백성들의 마음을 변하게 만들었지. 사람은 사심을 갖게 되어, 무력을 따르며 도둑을 죽이는 것은 살인이 아니라(殺盜非殺人)고 하면서 자신만을 소중히 알고 남을 업신여기니 천하가 제멋대로 되고 이에 세상은 혼란이 일어나고, 유가(儒家)와 묵가(墨家)가 한꺼번에 일어났던 것이지.

처음에는 어느 정도 법도가 있더니, 지금에 와서 이 모양이 되었으니, 그대는 무슨 말을 하겠는가! 내가 그대에게 삼황오제가 천하를 다스렸다고 얘기했지만, 실은 어지럽기 그지없었다네.

삼황의 치세는 위로는 해와 달의 밝음을 가리고, 아래로는 산천의 정기를 어겼으며, 가운데로는 사계절의 운행을 무너뜨렸지. 그 지혜는 전갈의 꼬리보다도 더 지독하였으니, 작은 벌레들까지도 본성을 편히 지닐 수 없는데도 스스로를 성인이라 자부하니 어찌 수치스럽지 않는가?"

자공은 놀라고 불안하여 서 있을 수조차 없었다.

■ 六經(육경) 先王之陳跡(선왕지진적)

"육경(六經)이란 옛 성왕(聖王)들이 늘어놓은 자취이다."

*六經 ;《시(詩)》,《서(書)》,《예(禮)》,《악(樂)》,《역(易)》,《춘추(春秋)》

*跡 ; 발자취.

【寓言】 공자가 노자를 보고 말했다. "제가《시(詩)》와《서(書)》,《예(禮)》와《악(樂)》그리고《역(易)》과《춘추(春秋)》육경을 오랫동안 두루 공부하여 그 뜻을 잘 알고 있다고 생각합니다. 일흔두 명의 제후를 찾아 옛 선왕의 道를 논하였고, 주공(周公)과 소공(召公)의 자취를 밝혔으나, 어느 한 군주도 취하여 쓰지 않으니, 사람을 설득하기 어렵고 도를 밝히기가 심히 어려웠습니다."

노자가 말했다. "다행이오, 선생께서 나라를 잘 다스리는 군주를 만나지 못한 것이, 대저 육경이란 선왕들이 늘어놓은 자취입니다(夫六經 先王之陳跡也). 어찌 그것이 발자취의 본연(本緣)이겠습니까? 지금 선생의 한 말씀들은 마치 발자취와 같은 것들입니다. 발자취란 신발에서 나온 것입니다. 그 발자취가 어찌 신발이겠습니까?"

육경(六經)을 교과의 중심으로 하고 있으나, 그 육경이란 옛날 성왕(聖王)이 행한 발자취이지, 성왕 그 자신은 아니다. 즉 진짜가 아닌 것을 가르침은 존중할 필요가 없는 것이다.

7. 天運

“天其運乎? 地其處乎? 日月其爭於所乎? 孰主張是? 孰維綱是? 孰居無事推而行是? 意者其有機緘而不得已乎? 意者其運轉而不能自止邪? 雲者爲雨乎? 雨者爲雲乎? 孰隆施是? 孰居無事淫樂而勸是? 風起北方, 一西一東, 有上仿徨. 孰嘘吸是? 孰居無事而披拂是? 敢問何故?” 巫鹹袑曰: “來, 吾語女. 天有六極五常, 帝王順之則治, 逆之則凶. 九洛之事, 治成德備, 臨照下土, 天下戴之, 此謂上皇.”

商大宰蕩問仁於莊子. 莊子曰: “虎狼, 仁也.” 曰: “何謂也?” 莊子曰: “父子相親, 何爲不仁!” 曰: “請問至仁.” 莊子曰: “至仁無親.” 大宰曰: “蕩聞之, 無親則不愛, 不愛則不孝. 謂至仁不孝, 可乎?” 莊子曰: “不然, 夫至仁尙矣, 孝固不足以言之. 此非過孝之言也, 不及孝之言也. 夫南行者至於郢, 北面而不見冥山, 是何也? 則去之遠也. 故曰: 以敬孝易, 以愛孝難; 以愛孝易, 而忘親難; 忘親易, 使親忘我難; 使親忘我易, 兼忘天下難; 兼忘天下易, 使天下兼忘我難. 夫德遺堯, 舜而不爲也, 利澤施於萬世, 天下莫知也, 豈直大息而言仁孝乎哉! 夫孝悌仁義, 忠信貞廉, 此皆自勉 以役其德者也,不足多也. 故曰：至貴, 國爵並焉；至富, 國財並焉 ；至願, 名譽並焉. 是以道不渝."

北門成問於黃帝曰："帝張鹹池之樂於洞庭之野, 吾始聞之懼, 複聞之怠, 卒聞之而惑, 蕩蕩默默, 乃不自得."帝曰："汝殆其然哉! 吾奏之以人, 徵之以天, 行之以禮義, 建之以大清. 夫至樂者, 先應之以人事, 順之以天理, 行之以五德, 應之以自然. 然後調理四時, 太和萬物. 四時迭起, 萬物循生. 一盛一衰, 文武倫經. 一清一濁, 陰陽調和, 流光其聲. 蟄蟲始作, 吾驚之以雷霆. 其卒無尾, 其始無首. 一死一生, 一僨一起, 所常無窮, 而一不可待. 汝故懼也. 吾又奏之以陰陽之和, 燭之以日月之明. 其聲能短能長, 能柔能剛, 變化齊一, 不主故常. 在穀滿穀, 在坑滿坑. 塗郤守神, 以物爲量. 其聲揮綽, 其名高明. 是故鬼神守其幽, 日月星辰行其紀. 吾止之於有窮, 流之於無止. 子欲慮之而不能知也, 望之而不能見也, 逐之而不能及也. 儻然立於四虛之道, 倚於槁梧而吟：'目知窮乎所欲見, 力屈乎所欲逐, 吾既不及, 已夫!' 形充空虛, 乃至委蛇. 汝委蛇, 故怠. 吾又奏之以無怠之聲, 調之以自然之命. 故若混逐叢生, 林樂而無形, 布揮而不曳, 幽昏而無聲. 動於無方, 居於窈冥, 或謂之死, 或謂之生；或謂之實, 或謂之榮. 行流散徙, 不主常聲. 世疑之, 稽於聖人. 聖也者, 達於情而遂於命也. 天機不張而五官皆備. 此之謂天樂, 無言而心說. 故有焱氏爲之頌曰 : '聽之不聞其聲, 視之不見其形, 充滿天地, 苞裹六極.' 汝欲聽之而無接焉, 而故惑也. 樂也者, 始於懼, 懼故崇 ; 吾又次之以怠, 怠故遁 ; 卒之於惑, 惑故愚 ; 愚故道, 道可載而與之俱也."

孔子西遊於衛, 顏淵問師金曰 : "以夫子之行爲奚如?" 師金曰 : "惜乎! 而夫子其窮哉!" 顏淵曰 : "何也?" 師金曰 : "夫芻狗之未陳也, 盛以篋衍, 巾以文繡, 尸祝齊戒以將之. 及其已陳也, 行者踐其首脊, 蘇者取而爨之而已. 將複取而盛以篋衍, 巾以文繡, 遊居寢臥其下, 彼不得夢, 必且數眯焉. 今而夫子亦取先王已陳芻狗, 聚弟子遊居寢臥其下. 故伐樹於宋, 削跡於衛, 窮於商周, 是非其夢邪? 圍於陳蔡之間, 七日不火食, 死生相與鄰, 是非其眯邪? 夫水行莫如用舟, 而陸行莫如用車. 以舟之可行於水也, 而求推之於陸, 則沒世不行尋常. 古今非水陸與? 周魯非舟車與? 今蘄行周於魯, 是猶推舟於陸也! 勞而無功, 身必有殃. 彼未知夫無方之傳, 應物而不窮者也. 且子獨不見夫桔槔者乎? 引之則俯, 舍之則仰. 彼, 人之所引, 非引人者也. 故俯仰而不得罪於人. 故夫三皇五帝之禮義法度, 不矜於同而矜於治. 故譬三皇五帝之禮義法度, 其猶柤梨橘柚邪! 其味相反而皆可於口. 故禮義法度者, 應時而變者也. 今取猨狙而衣以周公之服, 彼必齕齧挽裂, 盡去而後慊. 觀古今之異, 猶口狙之異乎周公也. 故西施病心而矉其里, 其里之醜人見之而美之, 歸亦捧心而矉其里. 其里之富人見之, 堅閉門而不出; 貧人見之, 挈妻子而去之走. 彼知矉美而不知矉之所以美. 惜乎, 而夫子其窮哉!"

孔子行年五十有一而不聞道, 乃南之沛見老聃. 老聃曰: "子來乎? 吾聞子, 北方之賢者也! 子亦得道乎?" 孔子曰: "未得也." 老子曰: "子惡乎求之哉?" 曰: "吾求之於度數, 五年而未得也." 老子曰: "子又惡乎求之哉?" 曰: "吾求之於陰陽, 十有二年而未得也." 老子曰: "然, 使道而可獻, 則人莫不獻之於其君; 使道而可進, 則人莫不進之於其親; 使道而可以告人, 則人莫不告其兄弟; 使道而可以與人, 則人莫不與其子孫. 然而不可者, 無它也, 中無主而不止, 外無正而不行. 由中出者, 不受於外, 聖人不出; 由外入者, 無主於中, 聖人不隱. 名, 公器也, 不可多取. 仁義, 先王之蘧廬也, 止可以一宿而不可久處. 覯而多責. 古之至人, 假道於仁, 托宿於義, 以遊逍遙之虛, 食於苟簡之田, 立於不貸之圃. 逍遙, 無爲也; 苟簡, 易養也; 不貸, 無出也. 古者謂是采真之遊. 以富爲是者, 不能讓祿; 以顯爲是者, 不能讓名. 親權者, 不能與人柄, 操之則栗, 舍之則悲, 而一無所鑒, 以窺其所不休者, 是天之戮民也. 怨, 恩, 取, 與, 諫, 教, 生殺八者, 正之器也, 唯循大變無所湮者爲能用之. 故曰：正者, 正也. 其心以爲不然者, 天門不開矣."

孔子見老聃而語仁義. 老聃曰："夫播糠眯目, 則天地四方易位矣；蚊虻噆膚, 則通昔不寐矣. 夫仁義憯然, 乃憤吾心, 亂莫大焉. 吾子使天下無失其樸, 吾子亦放風而動, 總德而立矣! 又奚傑傑然若負建鼓而求亡子者邪! 夫鵠不日浴而白, 烏不日黔而黑. 黑白之樸, 不足以爲辯；名譽之觀, 不足以爲廣. 泉涸, 魚相與處於陸, 相呴以濕, 相濡以沫, 不若相忘於江湖."

孔子見老聃歸, 三日不談. 弟子問曰："夫子見老聃, 亦將何規哉?" 孔子曰："吾乃今於是乎見龍. 龍, 合而成體, 散而成章, 乘雲氣而養乎陰陽 予口張而不能嚕. 予又何規老聃哉?" 子貢曰："然則人 固有尸居而龍見, 雷聲而淵默, 發動如天地者乎? 賜亦可得而觀乎?" 遂以孔子聲見老聃. 老聃方將倨堂而應, 微曰："予年運而往矣, 子將何以戒我乎?" 子貢曰："夫三皇五帝之治天下不同, 其系聲名一也. 而先生獨以爲非聖人, 如何哉?"

老聃曰："小子少進! 子何以謂不同?" 對曰："堯授舜, 舜授禹. 禹用力而湯用兵, 文王順紂而不敢逆, 武王逆紂而不肯順, 故曰不同.” 老聃曰 : “小子少進, 餘語汝三皇五帝之治天下 : 黃帝之治天下, 使民心一. 民有其親死不哭而民不非也. 堯之治天下, 使民心親. 民有爲其親殺其殺而民不非也. 舜之治天下, 使民心競. 民孕婦十月生子, 子生五月而能言, 不至乎孩而始誰, 則人始有夭矣. 禹之治天下, 使民心變, 人有心而兵有順, 殺盜非殺人. 自爲種而‘天下’耳. 是以天下大駭, 儒墨皆起. 其作始有倫, 而今乎婦女, 何言哉! 餘語汝 : 三皇五帝之治天下, 名曰治之, 而亂莫甚焉. 三皇之知, 上悖日月之明, 下睽山川之精, 中墮四時之施. 其知憯於蠣蠆之尾, 鮮規之獸, 莫得安其性命之情者, 而猶自以爲聖人, 不可恥乎? 其無恥也!” 子貢蹴蹴然立不安.

孔子謂老聃曰 : “丘治《詩》,《書》,《禮》,《樂》,《易》,《春秋》六經, 自以爲久矣, 孰知其故矣, 以奸者七十二君, 論先王之道而明周, 召之跡, 一君無所鉤用. 甚矣! 夫人之難說也? 道之難明邪?” 老子曰 : “幸矣, 子之不遇治世之君! 夫六經, 先王之陳跡也, 豈其所以跡哉! 今子之所言, 猶跡也. 夫跡, 履之所出, 而跡豈履哉! 夫白鶂之相視, 眸子不運而風化 ; 蟲, 雄鳴於上風, 雌應於下風而風化. 類自爲雌雄, 故風化. 性不可易, 命不可變, 時不可止, 道不可壅. 苟得於道, 無自而不可 ; 失焉者, 無自而可.” 孔子不出三月,復見, 曰 : "丘得之矣. 烏鵲孺, 魚傅沫, 細要者化, 有弟而兄啼. 久矣, 夫丘不 與化爲人! 不與化爲人, 安能化人." 老子曰 : "可, 丘得之矣!"

8. 각의(刻意)

빛은 있지만 번쩍거리지 않는다

뜻을 새기고 행동을 고결하게 하여, 세속을 떠나 습속을 달리하면서, 고상한 말을 논하며 세상을 원망하고 비난하는 것은 고고하게 구는 것에 불과하다. 이는 산 속에 숨어 사는 선비나, 세속을 비난하는 사람과 마른 늪에 빠진 자들이 좋아하는 것이다.

인의(仁義)와 충신(忠信)을 이야기하고, 공손, 검약, 추천, 양보를 실천하는 것은 자기의 몸을 수양하려 함이다. 이는 태평한 세상의 선비나 타인의 교화에 힘쓰는 사람들로, 세상에 유세하고 다니는 사람이나 학자들이 좋아하는 것이다.

위대한 공적을 이야기하고 큰 명성을 세우며, 임금과 신하의 예를 지키고, 상하의 질서를 바로잡으면서 다스리는 일을 위할 뿐이니, 이는 조정의 선비들과 군주를 높이고 나라를 강성하게 하려는 사람으로, 공력을 다해 다른 나라를 병합하려는 사람이 좋아하는 것이다.

초목이 무성한 연못가로 나아가 한적하고 드넓은 곳에 머물며, 물고기를 낚으며 한가롭게 지내며 위하는 바가 없으니, 이는 강이나 바닷가에 은거한 선비들과 세상을 피해 사는 사람으로 한가로이 살려는 사람들이 즐기는 것이다.

숨을 급히 쉬거나 천천히 하면서, 탁한 공기는 내뱉고 신선한 공기를 들이키면서, 곰이 나무에 몸을 매달 듯하고 새가 목을 길게 뺀 것같이 하는 동작을 하며 장수를 위할 뿐이니, 이는 도인술(導引術)을 하는 선비나 몸을 기르는 사람으로 팽조(彭祖)같이 장수를 바라는 사람들이 좋아하는 것이다.

그런데 뜻을 새기지 않고서도 고상해지고, 인의가 없어도 수양이 되며, 공명을 세우지 않아도 나라가 다스려지고, 강과 바다에 가지 않아도 한가해지며, 도인술을 하지 않아도 장수를 누릴 수 있는 사람은 잃은 것도 없고, 얻은 것도 없는 경지에 이르게 된다. 담담하게 끝 간 데가 없지만, 온갖 미덕이 절로 갖추어지니, 이것이 천지의 도이며 성인의 덕이다.

*각의상행(刻意尙行) ; 뜻을 새기고 행동을 고결하게 함. '각의(刻意)' 는 곧 마음을 억제한다는 뜻이다.

웅 경 조 신
■ 熊經鳥申

“곰이 나무에 몸을 매달 듯 하고 새가 목을 길게 뺀 것 같이 함.”

{숨을 급히 쉬거나 천천히 쉬고, 숨을 토하거나 숨을 들이마시면서 호흡하여, 묵은 기(氣)를 토해내고 새로운 氣를 받아들이며 곰처럼 직립(直立)하거나 새처럼 목을 펴는 자세를 말한다. 호흡운동에 의한 혈기를 왕성하게 하는 체조로서 장수를 꾀하는 것. 웅경(熊經)은 곰이 나무에 오르는 형용. 조신(鳥申)은 새가 기지개를 켜는 것. 자강술(自强術)의 하나이다.

신선(神仙)이 장생불사(長生不死)하기 위하여 몸을 단련시키는 법.}

부 념 담 적 막 허 무 무 위 차 천 지 지 평 이 도 덕 지 질
■ 夫恬淡寂漠 虛無無爲 此天地之平 而道德之質

“무릇 무욕(無慾)하고 담백하며, 적막하여 텅 비고 아무것도 없는 무위(無爲)가 곧 하늘과 땅의 평탄함으로, 도덕의 본질이다.”

*恬淡 ; 욕심이 없고 담백함. 이익을 탐내는 마음이 없음.

*寂漠 ; 적적하고 쓸쓸함 고요함.

*虛無 ; 마음에 사념(邪念)이 없어 다른 생각을 하지 않고 몸과 마음을 자연에 맡긴다는 뜻.

*質 ; 바탕, 본질(本質).

【寓言】 무릇 염담(恬淡), 적막(寂漠), 허무(虛無), 무위(無爲)한 것은 곧 천지의 본질이며 도덕의 본질이다. 때문에 성인은 이런 경지에서 휴식한다. 쉬면 평안해지고, 평안해지면 욕심이 끊어져 깨끗해진다. 평안하고, 욕심이 없어지면 우환이 없고, 삿된 기운이 침범하지 못한다. 그러므로 그 덕은 온전하고 정신이 손상되지 않는다(聖人休休焉則平易矣 平易則恬淡矣 平易恬淡 則憂患不能入 邪氣不能襲 故其德全而神不虧).

■ 光矣而不耀

광 의 이 불 요

"빛이 있지만 번쩍거리지 않는다."

*耀 ; 번쩍거리다.

【寓言】 광이불요(光而不耀) ; "빛나되 눈부시지 않는다."라는 뜻으로, 성인(聖人)의 처신을 이르는 말이다.

성인은 살아서는 자연의 운행을 따르고, 죽어서는 만물의 변화를 따르니, 고요히 머물 때는 음(陰)의 덕을 따르고, 활동

할 때는 양(陽)의 기(氣)와 같이 물결치듯 움직인다. 복(福)의 앞이 되지도 아니하고, 화(禍)의 시작이 되지도 않으며, 느낀 뒤에 호응하고, 급박해야 움직이며, 부득이한 처지가 된 뒤에 비로소 일어난다.

지혜와 인위를 버리고 오로지 자연의 이법을 따를 뿐이다. 그러므로 하늘의 재앙이 없으며, 외물(外物)에 얽매임이 없으며, 사람들에게 비난받음이 없으며, 귀신에게 책망 받는 일도 없다.

살아서는 물위를 떠다니는 것처럼 자연스럽고, 죽어서는 쉬러 들어간 듯 편안하다. 미리 생각하거나 미리 계획하지 아니하며, 빛이 있지만 번쩍거리지 아니하며(光矣而不耀), 믿지만 기약(期約)하지 아니하며, 잠잘 때는 꿈꾸지 아니하며, 깨어서도 걱정하지 않으며, 정신은 순수하며, 혼백은 지치지 않아서 허무(虛無)하고 염담(恬淡)하여 마침내 하늘의 德과 합치된다.

《노자》 제58장에서도 "빛이 있지만 번쩍거리지 않는다(光而不耀)." 고 한 구절이 있고, 제4장에서는 "빛을 누그러뜨려 세속과 함께한다(和其光 同其塵)." 고 한 구절이 있는데, 비슷한 의미이다.

■ 衆人重利 廉士重名 賢士尙志 聖人貴精

(중인중리 염사중명 현사상지 성인귀정)

"보통 사람들은 이익을 중시하고, 청렴한 선비는 명예를 중시하고, 어진 선비는 뜻을 숭상하고, 성인은 정성을 귀히 여긴다."

【寓言】 무릇 오(吳)와 월(越)나라에서 만든 명검을 가지고 있는 자(夫有幹越之劍者)가 그것을 상자에 넣어 간직해 두고 감히 함부로 쓰지 않는 것은 그것이 지극한 보배이기 때문이다. *간월(幹越) ; 오월(吳越).

정신은 사방으로 흐르지 않은 곳이 없어 닿지 않는 곳이 없으니, 위로는 하늘에 다다르고 아래로는 땅속 깊이 스며들어 만물을 화육(化育)하지만, 그 모습을 알 수 없으니, 그 이름을 동제(同帝 ; 上帝와 같은 존재)라 한다.

순수 소박한 도(道)는 오직 정신(精神)을 지키니, 이것을 지켜서 잃어버리지 않으면 정신과 하나가 되니, 하나가 된 정신이 만물에 통하면 천륜(天倫 ; 자연의 질서)과 합치된다.

속담에 이런 말이 있다. "보통 사람들은 이익을 중시하고, 청렴한 선비는 명예를 중시하고, 어진 선비는 뜻을 숭상하고, 성인은 정성을 귀히 여긴다(衆人重利 廉士重名 賢士尙志 聖

人貴精).”

그러므로 소박하다는 것은 다른 무엇이 섞이지 않은 것을 말하고, 순수하다는 것은 그 마음에 아무런 흠이 없다는 것을 말한다.

이러한 순수함과 순박함을 체득하고 있는 사람을 일컬어 진인(眞人)이라고 부르는 것이다(故素也者 謂其無所與雜也 純也者 謂其不虧其神也 能體純素 謂之真人).

8. 刻意

刻意尚行, 離世異俗, 高論怨誹, 爲亢而已矣. 此山穀之士, 非世之人, 枯槁赴淵者之所好也. 語仁義忠信, 恭儉推讓, 爲修而已矣. 此平世之士, 教誨之人, 遊居學者之所好也. 語大功, 立大名, 禮君臣, 正上下, 爲治而已矣. 此朝廷之士, 尊主強國之人, 致功並兼者 之所好也. 就藪澤, 處閑曠, 釣魚閑處, 無爲而已矣. 此江海之士, 避世之人, 閑暇者之所好也. 吹呴呼吸, 吐故納新, 熊經鳥申, 爲壽而已矣. 此道引之士, 養形之人, 彭祖壽考者 之所好也. 若夫不刻意而高, 無仁義而修, 無功名而治, 無江海而閑, 不道引而壽, 無不忘也, 無不有也. 淡然無極而眾美從之. 此天地之道, 聖人之德也.

故曰：夫恬淡寂漠, 虛無無爲, 此天地之平而道德之質也. 故曰：聖人休休焉則平易矣. 平易則恬淡矣. 平易恬淡, 則憂患不能入, 邪氣不能襲, 故其德全而神不虧. 故曰：聖人之生也天行, 其死也物化. 靜而與陰同德, 動而與陽同波. 不爲福先, 不爲禍始. 感而後應, 迫而後動, 不得已而後起. 去知與故, 遁天之理. 故無天災, 無物累, 無人非, 無鬼責. 其生若浮, 其死若休. 不思慮, 不豫謀. 光矣而不耀, 信矣而不期.

其寢不夢, 其覺無憂. 其神純粹, 其魂不罷. 虛無恬淡, 乃合天德. 故曰 : 悲樂者, 德之邪也 ; 喜怒者, 道之過也 ; 好惡者, 德之失也. 故心不憂樂, 德之至也 ; 一而不變, 靜之至也 ; 無所於忤, 虛之至也 ; 不與物交, 淡之至也 ; 無所於逆, 粹之至也. 故曰 : 形勞而不休則弊, 精用而不已則勞, 勞則竭. 水之性, 不雜則清, 莫動則平 ; 鬱閉而不流, 亦不能清 ; 天德之象也. 故曰 : 純粹而不雜, 靜一而不變, 淡而無爲, 動而以天行, 此養神之道也.

夫有幹越之劍者, 柙而藏之, 不敢用也, 寶之至也. 精神四達並流, 無所不極, 上際於天, 下蟠於地, 化育萬物, 不可爲象, 其名爲同帝. 純素之道, 唯神是守. 守而勿失, 與神爲一. 一之精通, 合於天倫. 野語有之曰 : "衆人重利, 廉士重名, 賢士尙志, 聖人貴精." 故素也者, 謂其無所與雜也 ; 純也者, 謂其不虧其神也. 能體純素, 謂之眞人.

| 사자성어 색인 |

하다는 뜻으로, 무념무상(無念無想)의 경지에 이르면 저절로 진리에 도달할 수 있음을 비유하여 이르는 말. / 102

미성재구(美成在久) ; 아름다움은 오래되어야 이루어진다는 뜻으로, 훌륭한 성과를 이루려면 오랜 시간이 필요함을 이르는 말. / 108

당랑거철(螳螂拒轍) ; "사마귀가 수레바퀴를 막는다." 는 뜻으로, 자신의 힘은 헤아리지 않고 강자에게 함부로 덤빈다는 말. / 111

산목자구(山木自寇) ; 산의 나무는 제 스스로를 해친다. / 118

무용지용(無用之用) ; 쓸모가 없는 것의 쓰임새라는 뜻으로, 얼핏 봐서 아무 소용도 없을 것 같은 존재가 도리어 크게 쓸 곳이 있다는 말. / 119

간담초월(肝膽楚越) ; 가까이 있어도 멀리 있는 것처럼 보이는 경우를 비유하는 말. 간담(肝膽)은 간과 쓸개로, 관계가 매우 밀접하거나 가까운 것을 비유하는 말이며, 초월(楚越)은 고대 중국의 초나라와 월나라로 서로 멀리 떨어져 있어 소원한 관계를 말한다. / 130

명경지수(明鏡止水) ; 밝은 거울과 정지된 물이라는 뜻으로, 고요하고 깨끗한 마음을 가리키는 말. 사람의 마음이 맑고 조용한 것을 비유해서 명경지수와 같다고 한다. / 133

비유하는 밀이다.

효시(嚆矢) ; "우는 화살."이라는 뜻으로, 사물의 시초를 이르는 말. / 223

수즉다욕(壽則多辱) ; 사람이 오래 살다 보면 별의별 욕을 다 겪게 된다. "자식이 많으면 못난 자식도 있어 걱정의 씨앗이 된다(多男子則多懼)."라는 말에서 『무자식상팔자(無子息上八字)』라는 성어가 생겨났다. / 244

당랑거철(螳螂車轍) ; 「사마귀가 수레바퀴를 막는다」는 뜻으로,자기의 힘은 헤아리지 않고 강자(强者)에게 함부로 덤빈다는 말. / 248

포옹관휴(抱甕灌畦) ; "항아리를 안고 밭에 물을 준다."라는 뜻으로, 뒤떨어진 상태에서 더 나은 방법을 찾지 않고 습관대로 하는 태도나, 우둔하고 졸렬한 방법을 비유하는 말. / 250

노이무공(勞而無功) ; 온갖 애를 썼으나 아무런 보람이 없다는 뜻으로 '도로무공(徒勞無功)'이라고도 한다. / 292

서시빈목(西施嚬目) ; 무조건 남의 흉내를 내어 웃음거리가 됨을 비유적으로 이르는 말. 월나라의 미인 서시(西施)가 속병이 있어 눈을 찌푸리자 이것을 본 못난 여자들이 눈을 찌푸리면 아름답게 보이는 줄 알고 따라서 눈을 찌푸리니 더욱 못나게 보였다는 데서 유래한다.

광이불요(光而不耀) ; "빛나되 번쩍거리지 않는다." 라는 뜻으로, 성인(聖人)의 처신을 이르는 말이다. 《노자》 제58장에서도 "빛나지만 번쩍거리지 않는다(光而不燿)." 고 한 구절이 있고, 제4장에서는, "빛을 누그러뜨려 세속과 함께한다(和其光 同其塵)." 즉 『화광동진(和光同塵)』 성어가 있는데, 비슷한 의미이다.

| 명문동양문고 | 莊子
장자 名言 100 上

초판 인쇄일 / 2019년 11월 13일
초판 발행일 / 2019년 11월 18일

☆

엮은이 / 金東求
펴낸이 / 金東求
펴낸데 / 圖書出版 明文堂 (창립 1923년 10월 1일)
서울특별시 종로구 윤보선길 61(안국동)
우체국 010579-01-000682
☎ (영업) 733-3039, 734-4798
(편집) 733-4748
FAX. 734-9209
e-mail : mmdbook1@hanmail.net
등록 1977. 11. 19. 제 1-148호

☆

ISBN 979-11-90155-25-0 03140

☆

값 10,000원 (낙장이나 파본은 구입하신 서점에서 교환해 드립니다.)